Single-Küche mit ALDI

Das Buch

Was fällt vielen Zeitgenossen zum Thema Single-Küche ein? Halb leere Konservendosen, ein Restchen trockenes Brot im Schrank und viermal pro Woche Tütensuppe. Doch mit solchen Klischees ist jetzt Schluss. »Single Küche mit Aldi« bietet 120 Rezepte zu allen Gelegenheiten und jede Menge Tipps für den Ein-Personen-Haushalt.

Vielfältig, lecker, schnell und auch noch preiswert kochen – dieses Buch revolutioniert den Single-Haushalt und ist auch für den Koch-Neuling bestens geeignet.

Die Autorin

Martina Seifen, geboren 1959, ist Medizinjournalistin. Sie publiziert bereits seit vielen Jahren in Fach- und Publikumszeitschriften zu ihren Spezialgebieten Ernährung und Naturheilkunde. In unserem Hause sind von Martina Seifen bereits erschienen:

Pu-Erh. Der chinesische Schlankheitstee
Pu-Erh. Schlank und fit mit dem roten Tee aus China
Die Pu-Erh-Schlankheitskur
Schwedenkräuter
McALDI. Die preiswerte Fastfood-Küche

Martina Seifen

Single-Küche mit ALDI

120 leckere Rezepte für den kleinen Haushalt

Econ Taschenbuch

Econ Taschenbücher erscheinen im
Ullstein Taschenbuchverlag, einem Unternehmen der Econ Ullstein List Verlag GmbH & Co. KG, München
Originalausgabe
1. Auflage 2001

Redaktion: SWB Communications, Dr. Sabine Werner-Birkenbach, Marbach a. N.
Umschlagkonzept: Büro Meyer & Schmidt, München –
Jorge Schmidt
Titelkonzept und Umschlaggestaltung: Petra Soeltzer, Düsseldorf
Titelabbildung: Stock Market
Die Ratschläge in diesem Buch sind von Autorin und Verlag sorgfältig erwogen und geprüft; dennoch kann eine Garantie nicht übernommen werden. Eine Haftung der Autorin bzw. des Verlages und seiner Beauftragten für Personen-, Sach- und Vermögensschäden ist ausgeschlossen.
Satz: Pinkuin Satz und Datentechnik, Berlin
Druck und Bindearbeiten: Ebner Ulm
Printed in Germany
ISBN 3-548-71017-4

INHALT

Vorwort

Sie sind Single aus Überzeugung? Und Sie essen gerne? Aber leider kommen Sie diesbezüglich meistens zu kurz? Denn in Restaurants will das Essen mit dem leeren Stuhl als Gegenüber nicht so recht munden? Zu Hause machen Sie sich lieber schnell ein Brot oder schieben eine Pizza in den Ofen – bevor Sie eine große Koch- und anschließende Reinigungsarie starten?

Dann ist dieses Buch genau das Richtige für Sie! Mit der neuen »Single-Küche mit Aldi« können Sie nicht nur schnell die leckersten Rezepte zaubern, sondern sich auch selbst mal richtig verwöhnen: an einem besonderen Abend, der nur Ihnen gehört.

Mit dem Single-Klischee-Haushalt der halb geleerten Konservendosen im Kühlschrank oder dem angeschnittenen Brot, das seit einer Woche im Brotkasten vor sich hin gammelt, will dieses Buch gründlich aufräumen.

Single-Küchen können gut organisiert und effektiv sein, aus Altem Neues zaubern, mit wenig Aufwand stets kleine Gerichte für Gäste bereithalten und dabei noch Spaß machen und gut munden.

»Single-Küche mit Aldi« gibt Ihnen die passenden Tipps und Rezepte für jede Gelegenheit – lassen Sie sich überzeugen und kochen Sie mit.

Schnell und lecker

Standards mit wenig Aufwand

Wer alleine kocht und isst, möchte meistens schnell zu kulinarischen Genüssen kommen. Deswegen stehen die Standards, die jeder im Handumdrehen zubereiten kann, in diesem Buch auch an erster Stelle.

Aldi-Burger

Zutaten

1 Hähnchenbrustfilet (TK-Ware)
Salz
Pfeffer
1 Semmel
2 große Salatblätter
1 Tomate

Zubereitung

Das aufgetaute Hähnchenbrustfilet salzen und pfeffern und von beiden Seiten 5 Minuten in der Pfanne anbraten. Die Semmel aufschneiden. Die untere Hälfte mit einem Salatblatt, dem Hähnchenbrustfilet, einem weiteren Salatblatt sowie der in Scheiben geschnittenen Tomate belegen. Mit der oberen Semmelhälfte abdecken.

Fisch-Sandwich

Zutaten

1/2 Pkg. Frischkäse (Bayernland)
Zitronensaft (Citrovin)
Salz
Pfeffer
100 g Krabben (TK-Ware)
2 Scheiben Vollkornbrot
2 große Blätter Kopfsalat

Zubereitung

Frischkäse, Zitronensaft, Salz und Pfeffer miteinander vermischen. Die aufgetauten Krabben waschen, trockentupfen und unter den Frischkäse mischen. Das Vollkornbrot mit den Salatblättern und der Frischkäse-Krabben-Mischung belegen.

Bratwurst im Schlafrock

Zutaten

1 Scheibe Blätterteig (Kühlfach)
30 g Leberwurst (Kühlfach)
1 Scheibe Emmentaler (Hochland)
1 Bratwurst
1 Eigelb

Zubereitung

Den aufgetauten Blätterteig ausrollen und einmal quer halbieren. Mit der Leberwurst bestreichen. Die Käsescheibe darauflegen. Die Bratwurst in das Blätterteigstück einrollen, so dass sie seitlich herausschaut, an der Längsseite etwas andrücken. Mit Eigelb bestreichen und bei 200 Grad etwa 15 bis 20 Minuten überbacken.

Spaghetti-Gemüse-Pfanne

Zutaten

1 Zucchino
1 rote Paprika
Öl
Zitronensaft (Citrovin)
1 TL gemahlene Haselnüsse
Salz
Pfeffer
Thymian
80 g Spaghetti (Alino)

Zubereitung

Den Zucchino in dünne Scheiben und die Paprikaschote in dünne Streifen schneiden. Das Öl in der Pfanne erhitzen und das Gemüse etwa 10 Minuten darin dünsten. Etwas Zitronensaft dazugießen, Haselnüsse darüberstreuen. Mit Salz, Pfeffer und Thymian abschmecken. Während der Garzeit die Spaghetti in Salzwasser bissfest kochen, abgießen und zur Gemüsepfanne servieren.

Gurken-Mais-Salat mit Schinken

Zutaten

1/2 Salatgurke
1/2 Blattsalat
1/2 Paket gekochter Hinterschinken in Scheiben
1/2 Dose Maiskörner (King's Crown)
1 Paket Salatcreme (Kim)
1 EL Sonnenblumenöl (Bellasan)
Toastbrot oder Ciabatta

Zubereitung

Die Salatgurke schälen und in Scheiben schneiden. Den Blattsalat waschen, abschütteln und in kleine Stücke zupfen. Den Hinterschinken in dünne Streifen schneiden. Den Mais abtropfen und alle Zutaten miteinander mischen. Die Salatcreme mit dem Öl verrühren und über den Salat geben. Dazu passt Toastbrot oder Ciabatta.

Thunfisch-Risotto

Zutaten

1 EL Sonnenblumenöl (Bellasan)
1 kleine Zwiebel
1 Tasse Reis (parboiled)
1 Tasse Fleischbrühe (Instant)
Salz
Pfeffer
2 Tomaten
100 g Erbsen (Dose, Gartenkrone)
1 Dose Thunfisch in Öl

Zubereitung

Das Öl in einem Topf erhitzen und die klein geschnittene Zwiebel mit dem Reis darin glasig werden lassen. Die Fleischbrühe dazugeben, mit Salz und Pfeffer würzen. Bei geringer Hitze 20 Minuten quellen lassen. Nach 15 Minuten die klein gewürfelten Tomaten, die abgetropften Erbsen und den zerkleinerten Thunfisch hinzufügen und noch 5 Minuten erhitzen.

Pilz-Pfannkuchen

Zutaten

10 g getrocknete Mischpilze
3 Eier
Salz
Pfeffer (Mühle)
Schnittlauch (1/2 Bund oder 1 TL getrocknet)
20 g Butter

Zubereitung

Pilze in kaltem Wasser einweichen, abtropfen lassen und in kleine Stückchen schneiden. Eier mit 2 EL des Pilzwassers, Salz, Pfeffer und klein gehacktem Schnittlauch mit einem Schneebesen verrühren. Die Butter erhitzen und die Eiermasse in die Pfanne gießen. Bei geschlossenem Deckel und mittlerer Hitze etwa 5 Minuten garen. Dazu passt Knoblauchbaguette (Kühltheke) oder Toastbrot.

Seelachsfilet in Eihülle und Curryreis

Zutaten

1 Tasse Reis (parboiled)
etwas Butter
Salz
Pfeffer
Currypulver (Portland)
1 Seelachsfilet (Alaska, TK-Ware)
Zitronensaft (Citrovin)
1 Ei
etwas Mehl
Sonnenblumenöl

Zubereitung

Den Reis etwa 20 Minuten in Salzwasser kochen, abschütten und mit etwas Butter, Salz, Pfeffer und Currypulver abschmecken. Den aufgetauten Fisch waschen, mit Küchenkrepp trockentupfen und mit Salz, Pfeffer und etwas Zitronensaft würzen. Auf einem Teller ein Ei aufschlagen und mit der Gabel verquirlen, auf einem weiteren Teller etwas Mehl ausbreiten. Den Fisch zuerst im Mehl, dann in dem verquirlten Ei wälzen. Öl in der Pfanne sehr heiß erhitzen und das Fischfilet von beiden Seiten darin goldgelb backen. Fisch und Reis auf einem Teller anrichten. Dazu passt Tomatensalat.

Omelette mit Krabbenfleisch

Zutaten

2–3 Eier
Salz
Pfeffer
Schnittlauch
100 g Krabbenfleisch (Kühltheke)
Sonnenblumenöl

Zubereitung

Die Eier mit Salz, Pfeffer und dem klein gehackten Schnittlauch verquirlen. Das Krabbenfleisch unter die Eimasse ziehen und in der Pfanne mit etwas Öl zu einem Omelette stocken lassen.

Wussten Sie schon?

Jedes tiefgekühlte Fleisch, jeder tiefgekühlte Fisch lässt sich in Minutenschnelle auftauen – einfach in eine Schüssel mit heißem Wasser legen!

Spaghetti mit Schinken und Erbsen

Zutaten

80 g Spaghetti (Alino)
1 kleine Zwiebel
Sonnenblumenöl (Bellasan)
100 g Erbsen (Dose)
1/2 Becher süße Sahne (Milfina)
100 g gekochter Hinterschinken in Scheiben
2 EL geriebenen Emmentaler (Oberalp)
Salz
Pfeffer
Muskatnuss

Zubereitung

Die Spaghetti 10 bis 12 Minuten in Salzwasser bissfest kochen. In der Zwischenzeit die Sauce zubereiten: Zwiebel schälen und in kleine Würfel schneiden. Mit etwas Öl in der Pfanne dünsten. Die gut abgetropften Erbsen dazugeben und kurz mitdünsten. Mit der süßen Sahne ablöschen. Den Schinken in feine Streifen schneiden und unter die Sauce mischen. Den Emmentaler unterrühren, so lange, bis er sich aufgelöst hat. Mit Salz, Pfeffer und Muskatnuss abschmecken. Die fertige Sauce über die Spaghetti gießen.

Apfelreis (süßes Hauptgericht)

Zutaten

1/4 L Milch (Milfina)
60 g Zucker
1 Prise Salz
1 Päckchen Vanillezucker
125 g Rundkornreis
350 g Äpfel

Zubereitung
Milch mit 1/4 Liter Wasser, Zucker, Salz und Vanillezucker aufkochen. Den Reis dazugeben. Bei mittlerer Hitze 25 Minuten quellen lassen. Die Äpfel schälen und würfeln. Zum Reis geben und nochmals 10 Minuten weitergaren.

Geröstete Maultaschen in Eidressing

Zutaten
1 Paket Schwäbische Maultaschen
30 g Butterschmalz
1/2 Zwiebel
Salz
Pfeffer
2 Eier
Schnittlauch (frisch oder getrocknet)

Zubereitung
Zwei Maultaschen etwa 4 Minuten in Salzwasser kochen. Herausnehmen, erkalten lassen und anschließend in 5 mm dicke Scheiben schneiden. Pfanne erhitzen, Butterschmalz dazugeben und die Maultauschen leicht darin rösten. Zwiebel in Würfel schneiden und dazugeben, mit Salz und Pfeffer würzen. Eier und Schnittlauch miteinander verrühren und zu den Maultaschenstreifen geben. Alles einmal wenden und 1 Minute weiterrösten. Auf einem Teller anrichten. Dazu schmeckt Tomatensalat.

Rahmchampignons mit Semmelknödel

Zutaten

1 Paket Semmelknödel
1 Paket frische Champignons (alternativ 1 Dose ganze Champignons)
30 g Butter
1 kleine Zwiebel
40 g Bauchspeckwürfel (Kühlregal)
1 Becher süße Sahne (Milfina)
Salz
Pfeffer
0,1 L Weißwein

Zubereitung

Die Semmelknödel nach Packungsanweisung zubereiten. Die Champignons putzen, vierteln, waschen und abtropfen lassen. Butter in der Pfanne erhitzen, Zwiebelwürfel und Bauchspeckwürfel darin anschwitzen, die Champignons dazugeben und ein paar Minuten köcheln lassen. Zum Schluss die Sahne dazugießen und etwas einkochen lassen. Mit Salz, Pfeffer und Weißwein abschmecken und über die fertigen Semmelknödel geben.

Seelachsfilet auf Gemüsestreifen

Zutaten

1 Alaska Seelachsfilet (Almare, TK-Ware)
Zitronensaft (Citrovin)
75 g Lauch
100 g Möhren
2 Tomaten
1/2 Bund frische Petersilie
Salz
weißer Pfeffer
1/2 Tasse Hühnerbrühe (Instant)
0,1 L Weißwein
2 EL süße Sahne
Ciabatta

Zubereitung

Das Seelachsfilet säubern, mit Zitronensaft beträufeln und ziehen lassen. Lauch in Ringe und Möhren in feine Streifen schneiden. Die Tomaten mit kochendem Wasser überbrühen, häuten, entkernen und in kleine Würfel schneiden. Die Petersilie klein hacken. Das Fischfilet mit Salz und Pfeffer bestreuen. Brühe und Weißwein in einem Topf aufkochen. Die Hitze reduzieren und das Fischfilet dazugeben. Zugedeckt 5 Minuten bei kleiner Hitze ziehen lassen, herausnehmen und warm stellen. Das vorbereitete Gemüse in den Sud geben, etwa 3 bis 4 Minuten kochen und mit Salz und Pfeffer würzen. Die Flüssigkeit stark einkochen lassen, Sahne unterrühren und auf einen vorgewärmten Teller geben. Das Seelachsfilet auf das Gemüse setzen und mit etwas zurückbehaltenem Sud beträufeln. Zum Schluss mit Petersilie bestreuen. Dazu passt Ciabatta.

Spätzle mit Zucchini-Tomaten-Gemüse

Zutaten

60 g Spätzle
2 Zucchini
2 Tomaten
1 Zwiebel
2 EL Sonnenblumenöl (Bellasan)
1/8 l Brühe (Instant)
Salz
Pfeffer
5 EL Sahne
1 TL Paprikapulver (edelsüß)

Zubereitung

Spätzle in einem Liter Salzwasser ca. 12 Minuten kochen. In der Zwischenzeit Zucchini waschen und in Scheiben schneiden. Die Tomaten mit kochendem Wasser überbrühen, abziehen, entkernen und in Stücke schneiden. Die Zwiebel würfeln und in Öl glasig dünsten. Zucchini, Tomaten und Brühe hinzufügen und zusammen etwa 6 Minuten schmoren. Mit Salz und Pfeffer würzen und aufkochen lassen. Sahne und Paprikapulver dazugeben, kurz einkochen lassen und zu den fertigen Spätzle servieren.

Penne mit Tomaten und Basilikum

Zutaten

150 g Pennenudeln
250 g Tomaten
40 g Butter
Salz
Pfeffer (Mühle)
ein paar Blätter frisches Basilikum
2 EL geriebener Emmentaler (Oberalp)

Zubereitung

Die Nudeln in Salzwasser etwa 10 Minuten bissfest kochen. In der Zwischenzeit die Tomaten überbrühen, abziehen, entkernen und in kleine Würfel schneiden. Die Hälfte der Butter zerlassen, die Tomaten dazugeben und unter Rühren kurz einkochen lassen. Mit Salz, Pfeffer und grob gehacktem Basilikum abschmecken. Die abgetropften Nudeln mit der restlichen Butter, der Hälfte des Käses und der Tomatensauce vermischen. Zum Schluss mit dem restlichen Käse bestreuen.

Hähnchen-Risotto

Zutaten

150 g Reis (parboiled)
1 Hähnchenbrustfilet (TK-Ware)
30 g Butter
100 g Möhren (Dose)
1/2 Tasse Champignonscheiben (frisch oder Dose)
1/8 l Hühnerbrühe (Instant)
2 EL Sojasauce
Salz
Pfeffer
1 Prise Zucker

Zubereitung

Den Reis etwa 15 bis 20 Minuten in Salzwasser kochen und abgießen. Die Hähnchenbrust in Streifen schneiden und in der Pfanne mit Butter anschwitzen. Die Möhren, in Streifen geschnitten, und Champignonscheiben dazugeben. Die Brühe, Sojasauce und den Reis hinzufügen und in einer geschlossenen Pfanne fünf Minuten schmoren. Mit Salz, Pfeffer und Zucker abschmecken.

Matrosenschmaus

Zutaten

1 Scheibe Graubrot
etwas Butter (nach Belieben)
2 Salatblätter
1 Tomate
Salz
Pfeffer
1 Zwiebel
30 g durchwachsener, gewürfelter Räucherspeck (Kühlregal)
70 g Thunfisch (Dose)
Schnittlauchröllchen
3 grüne Oliven (Glas)

Zubereitung

Eine Scheibe Graubrot mit Butter bestreichen. Mit den Salatblättern und der in Ringe geschnittenen Tomate belegen. Mit etwas Salz und Pfeffer bestreuen. Die Zwiebel und den Räucherspeck fein würfeln, in einer Pfanne kurz anbraten. Den Thunfisch dazugeben, erwärmen. Alles auf dem Graubrot verteilen. Zum Schluss mit Schnittlauchröllchen und klein geschnittenen Oliven garnieren.

Kaiserschmarrn

Zutaten

60 g Mehl (Goldähren)
1 Päckchen Vanillezucker
2 Eier
1/8 l Milch (Milfina)
2 EL Rosinen
1 Prise Salz
20 g Butter
1 EL Puderzucker
Apfelmus (Sterngold)

Zubereitung

Mehl und Vanillezucker mischen. Die Eier trennen. Das Eigelb, die Butter und die Milch mit der Mehl-Zucker-Masse verrühren und zu einem glatten Teig verarbeiten. Die Rosinen daruntermischen. Das Eiweiß steif schlagen, unter den Teig ziehen und mit Salz abschmecken. Die Butter in einer beschichteten Pfanne erhitzen und den Teig hineingeben. Von beiden Seiten goldgelb backen. Zum Schluss den Pfannkuchen mit zwei Gabeln in kleine Stücke teilen und mit Puderzucker bestreuen. Dazu passt Apfelmus.

Fertiggerichte

Die große Vielfalt – mit kleinen Extras

Fertiggerichte haben den Vorteil, dass sie keinen großen Kochaufwand verlangen. Mit ein paar wenigen Handgriffen können Sie jedoch jedem Fertiggericht den richtigen Kick geben.

Ravioli-Gemüse-Auflauf

Zutaten

1 Dose Eier-Ravioli in Tomatensauce
200 g grüne Bohnen (Dose)
200 g Erbsen (Dose oder TK-Ware)
2–3 EL geriebener Emmentaler (Oberalp)

Zubereitung

Die Hälfte der Ravioli in eine gefettete Auflaufform geben. Das Gemüse darauf verteilen und mit den restlichen Ravioli bedecken. Den geriebenen Emmentaler darüberstreuen und bei 200 Grad im vorgeheizten Backofen ca. 15 Minuten gratinieren.

Gyros Spezial

Zutaten

1/2 Pkg. Gyros (TK-Ware, 500 g)
1–2 Zwiebeln
1 Knoblauchzehe
Olivenöl (Lorena)
Salz
Pommes frites (TK-Ware)
3–4 EL Kräuterquark (Bayernland)

Zubereitung

Das Fleisch, die in dünne Ringe geschnittene Zwiebel, den durchgepressten Knoblauch und das Olivenöl in einem Topf vermischen und 1 Stunde ziehen lassen. In der Pfanne etwa 5 bis 10 Minuten scharf anbraten. In der Zwischenzeit die Pommes frites im Ofen aufbacken und salzen. Mit Kräuterquark servieren.

Gnocchi-Gemüse-Ragout

Zutaten

1/2 Pkg. Gnocchi (Kühlregal)
30 g Butter (Milfina)
1/2 Pkg. Kaisergemüse (TK-Ware)
getrocknete Kräuter (z.B. Thymian, Basilikum)
Salz
Pfeffer
Muskatnuss
50 ml Sahne (Milfina)
geriebener Emmentaler (Oberalp)

Zubereitung

Gnocchi nach Packungsanleitung zubereiten. Butter in der Pfanne erhitzen, das Kaisergemüse dazugeben und gut anschwitzen. Die Gnocchi daruntermischen und mit Kräutern, Salz, Pfeffer und Muskatnuss abschmecken. Die Sahne und den Emmentaler vermengen und über das Gnocchi-Gemüseragout geben.

Hähnchen-Brokkoli-Frühlingsrollen

Zutaten

1 kleiner Eisbergsalat
1 Möhre
1 Stück Salatgurke
4 Champignonköpfe
Fencheldressing (Kühlregal)
1 Pkg. Hähnchen-Brokkoli-Frühlingsrollen (TK-Ware)
Salatsauce (Kim-Schlemmersaucen)

Zubereitung

Den Eisbergsalat zerkleinern, waschen und abtropfen lassen. Die Möhre raspeln, Salatgurke in kleine Würfel schneiden. Champignons putzen und in dünne Streifen schneiden. Alles zu einem bunten Salat mischen und mit dem Fencheldressing anmachen. Die Hähnchen-Brokkoli-Frühlingsrollen nach Packungsanleitung zubereiten und an den Salat legen. Die Salatsauce als Dip dazu reichen.

Feuerzauber Texas mit Kabanossi

Zutaten

1 Dose Feuerzauber Texas
1 Pkg. Mini-Kabanossi
4 Schoten Peperoni
frisch gehackte Petersilie
1 Kräuter-Knoblauchbaguette (TK-Ware)

Zubereitung

Den Eintopf nach Anleitung erhitzen. Mini-Kabanossi nach Belieben dazugeben und alles zusammen erwärmen. Mit Peperoni und Petersilie servieren. Dazu ein Knoblauchbaguette aufbacken.

Schweinegeschnetzeltes in Backobstsauce mit Kartoffelpuffer

Zutaten

1 Pkg. Schweinegeschnetzeltes in Backobstsauce (TK-Ware)
150 g Kloßteig (Kühlregal)
1 Ei
2 EL Milch
Salz
Pfeffer
Muskatnuss
30 g Butter

Zubereitung

Schweinegeschnetzeltes nach Packungsangabe erhitzen. Den Kloßteig in eine Schüssel geben, mit dem Ei und der Milch glatt rühren. Mit Salz, Pfeffer und Muskatnuss abschmecken. Aus der Masse kleine Kartoffelpuffer formen und in der Pfanne in etwas Butter goldbraun backen. Mit dem Geschnetzelten servieren.

Nasi Goreng mit Huhn, gebackener Banane und Apfel-Möhren-Salat

Zutaten

1 Pkg. Nasi Goreng
1 Banane
1 Ei
40 g Mehl
Semmelbrösel
1 Apfel
3 Möhren
Zucker (Diadem)
Salz
Zitronensaft (Citrovin)
40 g Butterschmalz (Butaris)

Zubereitung

Nasi Goreng nach Anleitung zubereiten. Die Banane schälen, vierteln und mit Ei, Mehl und Semmelbröseln panieren. Den Apfel und die Möhren schälen und mit einer Reibe raspeln. Mit Zucker, einer Prise Salz und Zitronensaft anmachen. Butterschmalz in der Pfanne erhitzen und die Banane goldgelb darin backen. Nasi Goreng mit der gebackenen Banane auf einem Teller anrichten. Den Salat in eine Beilagenschüssel geben.

Westernpfanne

Zutaten

1/3–1/2 Pkg. Westernpfanne (TK-Ware)
1 Pkg. Kräuterquark
100 g Sahne
Knoblauchpulver
Salz
Pfeffer
Zitronensaft (Citrovin)

Zubereitung
Westernpfanne nach Packungsanleitung zubereiten. Den Kräuterquark in eine Schüssel geben, mit der Sahne glatt rühren und dem Knoblauchpulver, Salz, Pfeffer und Zitronensaft abschmecken. Den fertigen Quark als Dip zum Essen reichen.

Tipp: Wenn es noch schneller gehen soll: Die Chilisauce *(Kim)* passt auch gut dazu.

Knusper-Seelachs mit Kartoffelsalat

Zutaten
1 Stück Seelachs in Knusperpanade (TK-Ware)
4 mittelgroße Kartoffeln
1 Gewürzgurke (Gartenkrone)
1 Zwiebel
5 EL Mayonnaise (Lorado)
Salz, Pfeffer
1 Prise Zucker
etwas Zitronensaft (Citrovin)
1 Tomate

Zubereitung
Das Seelachsfilet nach Packungsanleitung zubereiten. Die Kartoffeln mit Schale waschen, kochen und anschließend schälen und in dünne Scheiben schneiden. Gewürzgurke und Zwiebel in Würfel schneiden, mit der Mayonnaise in eine Schüssel geben und mit etwas Gurkenwasser, Salz, Pfeffer, Zucker und Zitronensaft abschmecken. Die Kartoffelscheiben daruntermischen und ziehen lassen, zum Schluss mit einer Tomate garnieren.

Tipp: Wer den Kartoffelsalat deftiger mag, kann gebratene Speckwürfel dazugeben.

Spinat-Pizza mit Tomate und Mozzarella

Zutaten

1 Tomate
1 Pkg. Mozzarella
1 Riggano-Steinofenpizza mit Spinat
etwas Olivenöl (Lorena)

Tomate und Mozzarella in Scheiben schneiden und die Spinat-Pizza damit belegen. Mit etwas Olivenöl beträufeln und etwa 20 Minuten im Backofen backen.

Spinat-Quiche

Zutaten

1/2 Pkg. Blätterteig (Kühltheke)
etwas Butter
etwas Mehl
1 Pkg. Spinat (TK-Ware)
1 Becher Schmant
3 Eier
70 g geriebener Emmentaler
Muskatnuss
Salz
Pfeffer

Zubereitung

Blätterteig in eine gefettete und gemehlte Springform geben. Den Spinat in einem Topf auf kleiner Hitze antauen lassen und etwa 5 Minuten dünsten. Spinat auf einem Sieb abtropfen lassen. Mit Schmant, Eiern und 50 g geriebenem Emmentaler vermischen. Mit Muskatnuss, Salz und Pfeffer herzhaft würzen. Die Mischung auf den Blätterteigboden verteilen und den restlichen Emmentaler darüberstreuen. Im vorgeheizten Backofen bei 200 Grad etwa 30 Minuten überbacken.

Putenbrustfilet »scharf«

Zutaten

2 EL Ketchup
1 El flüssiger Honig (Goldland)
Cayennepfeffer
Salz
Olivenöl (Lorena)
1 Putenbrustfilet (TK-Ware)
2–3 Kartoffeln
Pfeffer
Paprikapulver (edelsüß)
Oregano (getrocknet)
Petersilie (getrocknet)

Zubereitung

Ketchup, Honig, Cayennepfeffer, Salz und 1 EL Öl miteinander verrühren. Das aufgetaute Putenbrustfilet waschen, abtupfen und auf der Oberseite mit der hergestellten Würzpaste bestreichen. Auf ein Blech legen. Die Kartoffeln schälen und in große Stücke schneiden. Zu dem Putenbrustfilet aufs Blech geben. Mit Salz, Pfeffer und Paprikapulver würzen und mit etwas Olivenöl beträufeln. Im vorgeheizten Backofen bei 200 Grad etwa 35 Minuten backen.

Verwöhnideen

Für einen besonderen Abend allein zu Hause

Gerade wenn man alleine lebt und gerne isst, sollte man sich von Zeit zu Zeit selber ein wenig verwöhnen. Mit den Zutaten von Aldi kommt jeder Single doppelt auf seine Kosten: Die Gerichte streicheln nicht nur Magen und Seele, sondern lassen sich auch relativ schnell zubereiten.

Schweinemedaillons mit Speck-Kartoffelrösti

Zutaten

1 Schweinefilet (TK-Ware)
3 mittelgroße Kartoffeln
40 g Bauernspeckwürfel (Kühltheke)
Salz
Pfeffer
Muskatnuss
60 g Butterschmalz
Kräuterbutter (Kühltheke)

Zubereitung

Das aufgetaute Schweinefilet (am Abend vorher aus dem Gefrierfach nehmen) in Medaillons schneiden. Die Kartoffeln schälen, waschen, abtrocknen und dann raspeln. Die geraspelten Kartoffeln mit dem Bauernspeck vermischen und mit Salz, Pfeffer und Muskatnuss würzen. Butterschmalz in der Pfanne erhitzen, die Röstimasse hineingeben und von beiden Seiten goldgelb backen. Gleichzeitig in einer weiteren Pfanne Butterschmalz erhitzen und die Schweinemedaillons jeweils fünf Minuten von beiden Seiten braten. Auf einem Teller mit einem Stück Kräuterbutter anrichten.

Paprika-Pfanne mit Hackfleisch

Zutaten

1/2 Pkg. Hackfleisch (TK-Ware)
30 g Butterschmalz
1 Zwiebel
1 rote Paprika
40 g Tomatenmark (Petti)
50 g Ketchup (Kim)
Salz, Pfeffer
Paprikapulver
Knoblauchpulver
getrockneter Basilikum

Zubereitung

Das aufgetaute Hackfleisch scharf mit Butterschmalz in der Pfanne anbraten. Die in Streifen geschnittene Zwiebel dazugeben und weiter schmoren. Die Paprikaschote in Streifen schneiden, zusammen mit Tomatenmark und Ketchup dazugeben. Die Hackfleischpfanne mit Salz, Pfeffer, Paprika- und Knoblauchpulver sowie getrocknetem Basilikum abschmecken. Dazu passt gekochter Reis oder Ciabatta.

Geschnetzeltes Schweinefilet

Zutaten

1 Stück Schweinefilet (TK-Ware)
1 TL Ketchup (Kim)
1 EL Weißweinessig (Burgmarke)
1 TL Chilisauce
1 TL Sojasauce
150 g grüne Bohnen (Dose)
1 TL Sonnenblumenöl (Bellasan)
1 Knoblauchzehe
Salz

Zubereitung

Das Schweinefilet in hauchdünne Scheiben schneiden (das geht am besten, wenn das Fleisch noch nicht ganz aufgetaut ist). Aus Ketchup, Weinessig, etwas Wasser, Chili- und Sojasauce eine kalte Sauce rühren. Die Bohnen abtropfen lassen. In einer beschichteten Pfanne Öl und die gehackte Knoblauchzehe erhitzen, den Knoblauch entfernen und das Fleisch kurz und scharf anbraten. Bohnen und Sauce dazugeben, kurz erhitzen und mit Salz abschmecken. Dazu passt körnig gekochter Reis.

Hähnchenkeule in Estragonsauce

Zutaten

1 Hähnchenkeule (TK-Ware)
30 g Butter
1 Zweig Estragon (alternativ: 1 TL Estragonpulver)
1 Zwiebel
Salz, Pfeffer
1 Glas Weißwein
200 g süße Sahne
1 Prise Zucker
1 Msp. Knoblauchpulver

Zubereitung
Von der Hähnchenkeule die Haut abziehen. Das Fleisch in heißer Butter etwa 5 Minuten rundherum braun anbraten. Estragonblättchen abzupfen und zusammen mit der in Ringe geschnittenen Zwiebel dazufügen. Mit Salz und Pfeffer würzen. Jetzt den Wein dazumischen und in der geschlossenen Pfanne etwa 15 Minuten schmoren lassen. Die Hähnchenkeule herausnehmen und warm stellen. Sahne zum Schmorsud geben und etwa 3 Minuten einkochen lassen. Mit Zucker, Salz und Knoblauchpulver abschmecken. Über die Hähnchenkeule gießen. Dazu passen Nudeln oder Reis.

Spaghetti mit Lachs und Zitronensauce

Zutaten
1 Stück Lachsfilet (TK-Ware)
1 Zitrone (alternativ: Zitronensaft)
Salz, Pfeffer
Sonnenblumenöl (Bellasan)
1 Bund frischer Dill
1 Becher süße Sahne
80 g Spaghetti (Alino)
1 Zucchino

Zubereitung
Das aufgetaute Lachsfilet mit etwas Zitronensaft beträufeln, salzen, pfeffern und in Würfel schneiden. Öl in der Pfanne erhitzen und den Lachs bei mittlerer Hitze wenige Minuten braten und herausnehmen. Zitronensaft, Dillspitzen und Sahne zu dem Fischsud rühren und die Sauce etwas einköcheln lassen. Fischstücke dazugeben und kurz in der Sauce ziehen lassen. In der Zwischenzeit Nudeln und Zucchino bissfest kochen. Den Zucchino in feine Scheiben schneiden und unter die heißen Nudeln ziehen. Die Sauce über die Nudeln geben und mit Dill garnieren.

Mailänder Medaillons

Zutaten

2 Schweinemedaillons (TK-Ware)
Salz
Pfeffer
1 Ei
2 EL Semmelbrösel
Knoblauchpulver
2 EL geriebener Emmentaler (Oberalp)
Oregano
Mehl
1 EL Butter

Zubereitung

Die aufgetauten Medaillons säubern, flachdrücken und mit Salz und Pfeffer würzen. Ein Ei verquirlen. Semmelbrösel, Knoblauchpulver, geriebenen Emmentaler und Oregano vermischen. Mehl auf einen Teller geben. Jetzt die Medaillons nacheinander in Mehl, in dem verquirlten Ei und in der Semmelbröselmischung wenden. Butter in der Pfanne erhitzen und die Medaillons von jeder Seite 3 bis 4 Minuten braten. Dazu schmeckt Tomatensalat und Baguette.

Erdbeeromelette Soufflé

Zutaten

50 g Erdbeeren (frisch)
1 EL Zucker
3 Eiweiß
60 g Zucker
2 Eigelb
20 g Butter
Puderzucker

Zubereitung
Erdbeeren waschen, entstielen, in eine Schüssel geben und mit 1 EL Zucker bestreuen. Die Eiweiß steif schlagen und nach und nach 30 g Zucker dazugeben. Mit den anderen 30 g Zucker die beiden Eigelb schaumig rühren und unter die Eiweißmasse ziehen. Butter in einer Pfanne erhitzen, die Eiermasse hineingeben und bei schwacher Hitze etwa 8 Minuten stocken lassen (die Unterseite muss goldgelb sein). Während des Backens einen Deckel auf die Pfanne geben, aber nicht ganz schließen. Das fertige Omelette auf einen Teller gleiten lassen, die Erdbeeren auf die eine Hälfte des Omelettes geben, die andere Hälfte darüberlegen und mit Puderzucker bestreuen.

Schaschlik exotisch

Zutaten
1 Hähnchenbrustfilet (TK-Ware)
1 Zucchino
1 rote Paprikaschote
1 Zwiebel
1 Banane
Salz, Pfeffer
Curry
2 EL Tomatenmark
2 EL süße Sahne

Zubereitung
Hähnchenbrustfilet, Zucchino, Paprikaschote, Zwiebel und Banane schälen bzw. putzen und in 2–3 cm gleich große Stücke schneiden. Abwechselnd auf Schaschlikspieße stecken. Mit Salz, Pfeffer und Curry würzen. In etwas Öl in der Pfanne ringsum anbraten. Tomatenmark, Sahne und etwas Wasser hinzufügen, verrühren und abschmecken. Dazu passt Ciabatta oder Knoblauchbaguette.

Obst richtig lagern

Grundsätzlich gilt: Von wenigen Ausnahmen abgesehen, lässt sich ein Großteil der Früchte am besten im Kühlschrank lagern – hier sind sie dann in der Regel mindestens 1 Woche haltbar. Eine Ausnahme sind z.B. Bananen. Die fühlen sich wohler bei Zimmertemperatur. Wenn sie zu kalt lagern, bekommen sie braune Flecken und werden holzig und trocken. Auch Äpfel, Apfelsinen und Birnen verlieren im Kühlschrank ihren Geschmack.

Einfrieren: Sehr viele Obstsorten kann man übrigens auch prima einfrieren. Das gilt für alle Beerenfrüchte (Erdbeeren, Himbeeren, Brombeeren, Stachelbeeren oder Johannisbeeren) ebenso wie für Pflaumen und Kirschen.

Paprikaschote mit Reisfüllung

Zutaten

50 g Reis (parboiled)
1 große Paprikaschote (rot oder grün)
1 Zwiebel
3 Scheiben gekochter Hinterschinken
getrocknete Petersilie
Salz
Pfeffer
1 EL Sonnenblumenöl
1/2 Tasse Gemüsebrühe (Instant)
Paprikapulver
2 TL Tomatenmark
2 EL Sahne

Zubereitung

Den Reis sehr körnig (etwa 10 Minuten) kochen. Paprikaschote waschen, halbieren und putzen. Zwiebel und Schinken in feine Würfel schneiden. Schinken, Reis, die Hälfte der Zwiebelwürfel und Petersilie miteinander mischen. Mit Salz und Pfeffer würzen und in die beiden Paprikahälften füllen. Öl in einem kleinen Topf erhitzen, die restlichen Zwiebelwürfel darin anschwitzen, mit Gemüsebrühe aufgießen und mit Paprikapulver und Tomatenmark abschmecken. Die gefüllten Schoten hineinsetzen und zugedeckt etwa 10 Minuten schmoren. Zum Schluss die Sahne in die Sauce rühren und die gefüllten Hälften der Paprikaschote damit begießen.

Zucchinipfanne mit Geflügelstreifen

Zutaten

1 Hähnchenbrustfilet (TK-Ware)
Sonnenblumenöl
Salz
Pfeffer
Muskatnuss
2 Zucchini
2 Knoblauchzehen
1/8 l Gemüsebrühe (Instant)
1/2 Bund Petersilie

Zubereitung

Das aufgetaute Hähnchenbrustfilet in schmale Streifen schneiden. Öl in einer Pfanne erhitzen und die Hähnchenstreifen kräftig darin anbraten und mit Salz, Pfeffer und Muskatnuss würzen. Die Hähnchenbruststreifen aus der Pfanne nehmen. Die Zucchini in dünne Streifen schneiden und in die Pfanne geben, kurz andünsten. Die Knoblauchzehen pressen und dazugeben. Mit der Gemüsebrühe aufgießen und 5 Minuten köcheln lassen. Die Hähnchenbruststreifen unter die Zucchinipfanne heben und mit gehackter Petersilie bestreuen. Dazu schmeckt Kartoffelpüree (Fertigprodukt).

Allgäuer Käsekrapfen auf Tomatenrahm

Zutaten

1/4 l Milch
70 g Butter
1 Prise Salz
Muskatnuss
weißer Pfeffer
150 g Mehl
4 Eier
120 g geriebener Emmentaler
Butterschmalz

Tomatenrahm:

1 EL Butter
1/2 Zwiebel
3 Tomaten
1 Knoblauchzehe
1 Tasse Tomatensaft
4 EL Sahne
frisches Basilikum
Salz
weißer Pfeffer

Zubereitung

In einem Topf Milch mit Butter, Salz, Muskatnuss und Pfeffer zum Kochen bringen. Mehl mit dem Schneebesen einrühren. Mit dem Kochlöffel die Masse bei voller Hitze gut »abrösten«, bis sie sich leicht vom Topfrand lösen lässt. In eine Schüssel umfüllen und abkühlen lassen. Nach und nach die Eier unterrühren. Den Emmentaler dazugeben und wieder verrühren. Aus dieser Masse mit dem Kaffeelöffel kleine Krusten abstechen und im heißen Butterschmalz goldbraun ausbacken.
Für den Tomatenrahm: Butter erhitzen und die fein gehackte Zwiebel darin glasig dünsten. Die klein geschnittenen Toma-

ten und die gehackte Knoblauchzehe dazugeben. Mit Tomatensaft aufgießen und alles zusammen kurze Zeit kochen. Die Sauce durch ein Sieb passieren, mit Sahne und gehacktem Basilikum verfeinern und mit Salz und Pfeffer abschmecken. Die Käsekrapfen auf den Tomatenrahm setzen. Dazu passt Baguette.

Süßer Reisauflauf

Zutaten

200 ml Milch
1 Prise Salz
1/2 Vanilleschote
1 Streifen Zitronenschale
100 g Reis
2 Eier
50 g Zucker
60 g Butter
50 g gehobelte Mandeln (Sweet Valley)

Zubereitung

Die Milch mit dem Salz, der halben Vanilleschote und der gut gewaschenen Zitronenschale zum Kochen bringen. Den Reis einrühren und bei geringer Hitze etwa 20 Minuten quellen lassen. Jetzt die halbe Vanilleschote sowie die Zitronenschale entfernen. Den Reis etwas abkühlen lassen. In der Zwischenzeit die beiden Eier trennen, die Eigelb mit dem Zucker schaumig rühren und die Eiweiß zu steifem Schnee schlagen. Den Eischnee unter die inzwischen abgekühlte Reismasse heben. Eine feuerfeste Form mit Butter einfetten und mit der Reismasse füllen. Das geschlagene Eigelb und die Mandeln darübergeben. Den Auflauf bei 180 Grad ca. 45 Minuten überbacken. Das Gericht schmeckt warm und kalt.

Gefüllter Blumenkohl

Zutaten

1 kleiner Blumenkohl
1 Scheibe gekochter Hinterschinken
1 Pkg. Mozzarella (Kühlregal)
100 g junger Gouda
100 ml Sahne
1 Bund Petersilie (oder 2 TL getrocknet)
Salz
Pfeffer
Muskatnuss
1/4 l Milch
1 Beutel helle Soße

Zubereitung

Blumenkohl putzen, waschen und in 1/4 Liter Salzwasser etwa 5 Minuten kochen und herausnehmen. Schinken, Mozzarella und Gouda würfeln. Mit Sahne und gehackter Petersilie mischen und mit Salz, Pfeffer und Muskatnuss abschmecken. Jetzt vom Blumenkohl den Strunk abschneiden und die Schinken-Käse-Masse in den Blumenkohl drücken. Die Milch aufkochen und den Blumenkohl (Stielseite nach oben) bei schwacher Hitze im geschlossenen Topf etwa 15 Minuten darin garen. Herausnehmen und warm stellen. Die helle Soße in die Milch rühren, aufkochen und die Soße zum Blumenkohl servieren. Dazu Salzkartoffeln kochen.

Suppen & Co.

Ideal zum Vorkochen und Aufbewahren

Suppen – fast jeder mag sie. Sie können sie frisch zubereitet verzehren, aber auch prima portionsweise einfrieren und nach Bedarf wieder auftauen, ohne dass sie an Geschmack einbüßen. Dies hat sich schon vielfach bei überraschendem Besuch bewährt, denn gerade noch tiefgekühlt, sind sie in Minutenschnelle heiß gemacht und zum Verzehr bereit. Deshalb sind die Rezepte in diesem Kapitel mit doppelter bis dreifacher Zutatenmenge versehen.

Tomatensuppe mit Sahnehaube

Zutaten

200 g frische Tomaten
1 kleine Dose geschälte Tomaten
3 Tassen Brühe (Instant)
Salz
Pfeffer
1 Knoblauchzehe
Paprikapulver
Zucker
Sahne (28 % Fett)

Zubereitung

Die Tomaten mit heißem Wasser überbrühen, häuten und in kleine Würfel schneiden. Die Dosentomaten mit der Brühe in einen Topf geben und mit dem Mixer pürieren. Mit Salz, Pfeffer, zerdrücktem Knoblauch, Paprikapulver und etwas Zucker würzen und alles erhitzen. Die frischen Tomatenwürfel hineinrühren und die fertige Suppe in Tassen füllen. Mit geschlagener Sahne und frischem Basilikum verfeinern. Dazu schmeckt Ciabattabrot.

Möhrensuppe

Zutaten

1 kg Möhren
2 Zwiebeln
100 g Butter
30 g Mehl
1/2 l Milch
1/2 l Gemüsebrühe (Instant)
Muskatnuss
Salz, Pfeffer
etwas Schlagsahne
frischer Dill

Zubereitung

Die Möhren schälen und in Scheiben schneiden, die Zwiebel schälen und in kleine Würfel schneiden. Butter in einem großen Topf schmelzen und Zwiebel und Möhren darin anschmoren. Mit etwas Mehl bestäuben. Mit der Milch und der Gemüsebrühe aufgießen und mit Muskatnuss, Salz und Pfeffer würzen. Bei geringer Hitze etwa 30 bis 40 Minuten köcheln lassen. Danach die Suppe durch ein Sieb streichen. Mit etwas süßer Sahne und klein gehacktem Dill verfeinern. Dazu passt Baguette.

Gemüsesuppe mit Nudeln

Zutaten

2 Zwiebeln
30 g Butter/Magarine
1 Dose Erbsen & Möhren (Gartenkrone)
1 1/2 l Gemüsebrühe (Instant)
100 g Suppennudeln
Salz, Pfeffer
50 g geriebener Emmentaler

Zubereitung
Die Zwiebeln schälen und in Würfel schneiden. In einem Topf die Butter erhitzen und die Zwiebeln darin glasig werden lassen. Das Dosengemüse abtropfen lassen und in den Topf geben. Mit 1 1/2 Liter Gemüsebrühe auffüllen. Die Suppennudeln dazugeben und alles etwa 10 Minuten köcheln lassen. Mit Salz und Pfeffer abschmecken. Kurz vor dem Verzehr mit geriebenem Käse bestreuen. Dazu passt Bauernbrot.

Apfel-Kartoffel-Suppe

Zutaten
1 Zwiebel
1 Pfund Kartoffeln
3 Äpfel
30 g Butter
Majoran (getrocknet)
100 ml Apfelsaft (Rio'doro)
1/2 l Geflügelbrühe (Instant)
1 Becher Schlagsahne
Salz
Pfeffer
1 Prise Zimt

Zubereitung
Die Zwiebel schälen und fein würfeln. Die Kartoffeln und Äpfel schälen und ebenfalls würfeln. Butter in einem Topf schmelzen lassen und alles darin andünsten, mit etwas Majoran abschmecken. Jetzt den Apfelsaft, die Geflügelbrühe und die Sahne dazugießen. Bei geringer Hitze etwa 30 Minuten einkochen lassen, mit Salz, Pfeffer und Zimt würzen. Zum Schluss mit dem Mixer pürieren. Dazu passt Baguette.

Apfel-Lauch-Suppe

Zutaten

500 g Lauch
etwas Butterschmalz
Currypulver
Paprikapulver (edelsüß)
1 l Gemüsebrühe (Instant)
2 Äpfel
Zitronensaft (Citrovin)
Salz, Pfeffer

Zubereitung

Den Lauch putzen, gründlich abwaschen und in 1 cm dicke Scheiben schneiden. Butterschmalz in einem Topf schmelzen lassen und die Lauchringe darin andünsten. Curry- und Paprikapulver darübergeben und kurz mitdünsten. Mit der Gemüsebrühe aufgießen und alles einmal kurz aufkochen lassen. Die Äpfel schälen, entkernen, vierteln und in schmale Spalten schneiden. Mit Zitronensaft bespritzen. Die Apfelspalten in etwas Butterschmalz in der Pfanne von beiden Seiten braten und herausnehmen. Die Suppe mit Salz und Pfeffer abschmecken und mit den Apfelspalten garnieren. Dazu passt Bauernbrot.

Blumenkohl-Käse-Suppe

Zutaten

1 kleiner Blumenkohl
1 kleine Zwiebel
30 g Margarine
30 g Mehl
1/4 l Milch
1 Paket Frischkäse (200 g, Bayernland)
Salz
Paprikapulver (edelsüß), Muskatnuss

Zubereitung
Den Blumenkohl in Röschen teilen und mit einem halben Liter Wasser gar kochen. Die Zwiebel fein hacken, in Margarine andünsten und das Mehl darüberstäuben. Die Blumenkohlbrühe und Milch dazugeben, aufkochen lassen. Den Frischkäse unter Rühren darin schmelzen. Mit Salz, Paprikapulver und Muskatnuss würzen. Zum Schluss die Blumenkohlröschen dazugeben.

Chili con Carne

Zutaten
3 Zwiebeln
2 Knoblauchzehen
4 EL Olivenöl (Lorena)
1 Pkg. Hackfleisch (500 g, TK-Ware)
2 Chilischoten
1 Dose Kidney-Bohnen (Happy Harvest)
1 große Dose geschälte Tomaten
1/2 l Gemüsebrühe (Lachende Köchin)
1 TL Thymian
2 Lorbeerblätter
Salz
Chilipulver oder Cayennepfeffer

Zubereitung
Zwiebeln und Knoblauchzehen schälen und fein hacken. Olivenöl in einem großen Topf erhitzen und Zwiebeln und Knoblauch darin glasig dünsten. Das aufgetaute Hackfleisch hinzufügen und unter Rühren kräftig anbraten. Die Chilischoten, die Dose Bohnen und Tomaten hineinrühren. Mit der Brühe auffüllen, Thymian und Lorbeerblätter hinzugeben. Bei mittlerer Hitze zugedeckt etwa 25 Minuten köcheln lassen. Lorbeerblätter herausnehmen, mit Salz und Chilipulver scharf abschmecken. Dazu passt Bauernbrot oder Baguette.

Champignon-Suppe

Zutaten

250 g frische Champignons (alternativ 1 Dose Champignonstücke)
40 g Butter
40 g Mehl
1/2 Tasse Milch
1/2 Tasse Fleischbrühe (Instant)
Salz
Pfeffer
etwas Sahne
1 TL gehackte Petersilie
1 TL gehackte Haselnüsse

Zubereitung

Die Champignons putzen und in Streifen schneiden (Champignons aus der Dose abtropfen lassen). Butter in einem Topf erhitzen und die Champignons darin andünsten. Das Mehl darüberstäuben und hell anschwitzen. Milch und Fleischbrühe einrühren, aufkochen und 10 Minuten köcheln lassen. Mit Salz und Pfeffer abschmecken und mit Sahne verfeinern. Mit gehackter Petersilie und Nüssen garnieren. Hierzu passt Toastbrot.

Brezensuppe

Zutaten

2 kleine Zwiebeln
2 Laugenbrezen (auch vom Vortag)
50 g Butter
1/2 l Instant-Brühe
Pfeffer
frische Schnittlauchröllchen

Zubereitung
Die Zwiebeln in Würfel und die Brezen in kleine Stücke schneiden. In einem Topf die Butter mit den Zwiebeln glasig anschwitzen und mit der Brühe auffüllen. Mit Pfeffer abschmecken. Die Brezenstücke in einem Suppenteller anrichten und die Brühe darübergießen. Mit Schnittlauchröllchen bestreuen.

Kartoffel-Lauch-Suppe

Zutaten
300 g Kartoffeln
3 Stangen Lauch (Saisonangebot)
1 große Zwiebel
30 g Butter
0,5 l Gemüsebrühe (Instant)
50 ml Schlagsahne
Salz
Pfeffer
Muskatnuss

Zubereitung
Die Kartoffeln schälen und in kleine Würfel schneiden. Den Lauch putzen und in Ringe schneiden. Die Zwiebel schälen, fein würfeln und in der Butter glasig dünsten. Kartoffeln, Lauch und Gemüsebrühe hinzufügen und alles bei geringer Hitze im geschlossenen Topf ca. 20 Minuten köcheln lassen. Mit dem Mixer pürieren, die Sahne unter die Suppe ziehen und mit Salz, Pfeffer und Muskatnuss abschmecken. Dazu am besten Bauernbrot servieren.

Zucchini-Cremesuppe

Zutaten

1 Netz Zucchini
1/4 l Hühnerbrühe (Instant)
1/8 l Milch
1 Becher Schlagsahne

Zubereitung

Zucchini waschen, putzen und in kleine Würfel schneiden. Die Hühnerbrühe erhitzen und die Zucchini darin 10 bis 15 Minuten weich kochen. Anschließend das Ganze mit dem Mixer pürieren. Milch und Sahne dazugeben und bei mittlerer Hitze erwärmen (die Suppe darf in diesem Stadium nicht mehr kochen). Sofort servieren. Baguette oder Toastbrot dazu reichen.

Wie lagert man Brot am besten?

Viele Menschen lagern ihr Brot im Kühlschrank. Küchenchefs sind anderer Meinung: Die Kälte nimmt dem Brot den Geschmack. Besser ist der Brotkasten. Der sollte allerdings in gut temperierter Umgebung stehen. Schlecht ist z. B. Herdnähe, weil Brot hier durch die Wärme schneller hart wird.

Tipp: Es empfiehlt sich, Brot portionsweise einzufrieren. und durch Aufbacken wieder aufzutauen, denn langsames Auftauen bei Raumtemperatur zerstört die Hefe im Brot. Die Folge ist Geschmacksverlust.

Curry-Geflügel-Suppe

Zutaten

60 g Reis (parboiled)
1 Hähnchenbrustfilet (TK-Ware)
0,5 l Hühnerbrühe (Instant)
1–2 Möhren
30 g Butter
20 g Mehl
Currypulver
50 ml Schlagsahne
Salz
Pfeffer

Zubereitung

Reis in Salzwasser kochen, das Hähnchenbrustfilet etwa 20 Minuten in der Hühnerbrühe garen. Möhren schälen und in schmale Ringe schneiden und 5 Minuten vor Ende der Garzeit zum Reis geben. Das Hähnchenbrustfilet aus der Suppe nehmen und in dünne Streifen schneiden. Die Butter in einem Topf erhitzen und das Mehl darin unter Rühren anschwitzen. Die Mehlschwitze mit der Brühe unter Rühren ablöschen, Currypulver hinzufügen und ca. 5 Minuten köcheln lassen. Die Sahne darunterziehen und mit Salz und Pfeffer abschmecken. Reis und Gemüse abtropfen lassen, zusammen mit dem Fleisch in die Suppe geben und kurz erwärmen.

Gemüse-Eintopf mit Fisch

Zutaten

250 g Kartoffeln
250 g Möhren
100 g Brokkoli
1 Rotbarschfilet (TK-Ware)
Zitronensaft (Citrovin)
30 g Butter
Salz
Pfeffer
1/2 Bund Petersilie

Zubereitung

Kartoffeln schälen, waschen und in kleine Würfel schneiden. Möhren schälen, waschen und ebenfalls in kleine Würfel schneiden. Brokkoli waschen, putzen und in kleine Röschen teilen, Stiele würfeln. Aufgetauten Rotbarsch waschen, trockentupfen, mit Zitronensaft beträufeln und würfeln. Die Butter in einem Topf erhitzen, das Gemüse und die Kartoffeln leicht darin andünsten und mit knapp 200 ml Wasser auffüllen. Mit Salz und Pfeffer abschmecken, aufkochen lassen. Den Eintopf im geschlossenen Topf etwa 20 Minuten garen. In den letzten 5 Minuten den Fisch dazugeben. Die Petersilie waschen, hacken und unter den fertigen Eintopf mischen.

Tipp: Das Gericht kann auch mit Hähnchenbrustfilet zubereitet werden. Dieses kann die volle Garzeit mitdünsten.

Feinschmecker-Eintopf

Zutaten

1 Pkg. Hirschgulasch (TK-Ware)
40 g Butter
2 Zwiebeln
2 Knoblauchzehen
Paprikapulver
Oregano
Salz
Pfeffer
1 Liter Gemüsebrühe (Instant)
1 rote Paprikaschote
1 gelbe Paprikaschote
1 grüne Paprikaschote
2 Tomaten
1 Dose Maiskörner
50 g gewürfelter Bauchspeck (Kühlregal)

Zubereitung

Das aufgetaute Fleisch in erhitzter Butter anbraten. Geschälte, in Ringe geschnittene Zwiebeln, zerdrückte Knoblauchzehen und die Bauchspeckwürfel dazugeben und anschmoren. Die Gewürze dazugeben, mit Brühe angießen und alles etwa 45 Minuten köcheln lassen. In der Zwischenzeit Paprikaschoten und Tomaten waschen, klein schneiden und hinzufügen. Die Dose Maiskörner abgießen und ebenfalls dazugeben. Zusammen etwa 20 Minuten weiterkochen. Dazu passen Reis oder Nudeln.

Einmal kochen – zweimal essen

Gleiche Zutaten, aber zwei Rezepte

Für alle Singles, die nicht jeden Tag aufs Neue kochen wollen, sind Kartoffeln, Reis oder Nudeln sozusagen das ideale Basisfood, auf dessen Grundlage sich am nächsten Tag ein neues, schnelles Rezept kreieren lässt. Erste Voraussetzung ist dabei, dass immer gleich von allem die doppelte Menge gekocht wird. Zweite Voraussetzung: Grundsätzlich jede übrig gebliebene Menge für den nächsten Tag im Kühlschrank aufbewahren.

Nudeln mit Tomatensauce – 1. Rezept

Zutaten

200 g Penne
1 kleine Zwiebel
1 kleine Dose geschälte Tomaten
1 Lorbeerblatt
4–5 Wacholderbeeren
Salz
Pfeffer
etwas Zucker
etwas Butter

Zubereitung

Nudeln in Salzwasser bissfest kochen und abgießen. In der Zwischenzeit die Sauce zubereiten: Die klein gehackte Zwiebel in erhitzter Butter glasig werden lassen. Die Dose geschälte Tomaten dazugeben. Mit Lorbeerblatt, Wacholderbeeren, Salz, Pfeffer und etwas Zucker abschmecken. Das Ganze etwa 20 Minuten einkochen lassen. Zum Schluss etwas Butter dazugeben.

Nudelauflauf »Rabiata« – 2. Rezept

Am nächsten Tag: Die Nudeln kurz (1 bis 2 Minuten) in kochendem Wasser erhitzen, sodass sie wieder in Form kommen. Nudeln abgießen und in eine mit Butterflöckchen ausgelegte Auflaufform geben. Die Tomatensauce darüber verteilen und mit 2–3 Scheiben Gouda bedecken. Im Backofen etwa 10 Minuten überbacken.

Reis herzhaft – 1. Rezept

Zutaten

2 Tassen Reis
Salz
Paprika oder Kumin

Zubereitung

Reis wie gewohnt kochen, mit Gewürzen abschmecken.

Reis süß – 2. Rezept

Weitere Zutaten

250 ml Milch
Zucker
Zimt

Zubereitung

Einen herzhaft gewürzten Reis können Sie am nächsten Tag ganz leicht in einen süßen verwandeln. Geben Sie den Reis in ein Sieb und waschen Sie ihn gründlich mit warmem Wasser ab. Jetzt Milch in einem Topf erhitzen und kurz zum Kochen bringen. Den Reis einrühren und mit Zimt und Zucker würzen.

Reis mit buntem Gemüse – 3. Rezept

Weitere Zutaten

1/2 Paket Gartengemüse (TK-Ware)
Butter

Zubereitung

Lassen Sie den gewürzten Reis, wie er ist. Und fügen Sie einfach noch 1/2 Paket Gartengemüse (TK-Ware) und etwas Butter hinzu.

Salzkartoffeln mit Putenschnitzel – 1. Rezept

Zutaten

8 Kartoffeln
2–3 Putenschnitzel (TK-Ware)
Salz, Pfeffer
Bratensauce (Lachende Köchin)

Zubereitung

Die Kartoffeln in Salzwasser kochen. Die aufgetauten Putenschnitzel salzen, pfeffern und von beiden Seiten in der Pfanne braten. In einem separaten Topf die Soße nach Packungsvorschrift anrühren und zum Putenschnitzel servieren.

Bratkartoffeln mit Geschnetzeltem – 2. Rezept

Zubereitung

Die übrig gebliebenen Kartoffeln vom Vortag in Scheiben schneiden. Öl in der Pfanne erhitzen und die Kartoffeln darin anbraten. Mit Salz, Pfeffer und Kümmel würzen. Das Putenfilet in Streifen schneiden. In einem Topf die Restsauce vom Vortag erhitzen, eventuell mit etwas Wasser und Saucenbinder verlängern, das Putengeschnetzelte hineingeben und ein paar Minuten köcheln lassen.

Die optimalen Haltbarkeitstemperaturen für Fleisch, Gemüse & Co.

rohes, unverarbeitetes Gemüse	5 Grad
gekochtes Gemüse	4 Grad
Reis/Nudeln (gekocht)	4 Grad
Kartoffeln (gekocht)	3 Grad
Fleisch (roh oder gekocht)	3 Grad
Fisch	3 Grad

Strammer Max – 1. Rezept

Zutaten

1 Scheibe Bauernbrot
15 g Butter
50 g Schwarzwälder Schinken (roh)
2 TL Sonnenblumenöl (Bellasan)
2 Eier
Salz
Pfeffer
2 TL frisch gehackter Schnittlauch (getrocknet: nur 1 TL)
1 Gewürzgurke
1 Tomate

Zubereitung

Bauernbrot mit Butter bestreichen und auf einen Teller legen. Gewürfelten Schinken darauf verteilen. In einer beschichteten Pfanne Öl erhitzen und zwei Spiegeleier braten. Mit Salz und Pfeffer würzen und auf das Brot gleiten lassen. Mit gehacktem (oder getrocknetem) Schnittlauch bestreuen. Die Gurke in dünne Streifen, aber nicht ganz durchschneiden, so dass ein Fächer entsteht, die Tomate waschen, in Achtel schneiden und damit das Gericht garnieren.

Rühreier mit Schinken – 2. Rezept

Zutaten

wie bei »Strammer Max«

Zubereitung

Die Eier mit Salz, Pfeffer und Schnittlauch verquirlen. Eine beschichtete Pfanne mit Öl erhitzen, Schinkenwürfel hineingeben und kurz braten. Dann die verquirlten Eier dazugeben, stocken lassen und auf einem Teller anrichten. Bauernbrot mit Butter bestreichen und mit der Gewürzgurke und der Tomate auf dem Teller anrichten.

Backkartoffeln mit Schinken – 1. Rezept

Zutaten

4 längliche Kartoffeln
50 g gekochter Hinterschinken in Scheiben
1 Zwiebel
100 g saure Sahne
etwas Senf
Salz
Pfeffer
etwas geriebener Emmentaler

Zubereitung

Kartoffeln mit Schale kochen, halbieren und mit einem Teelöffel aushöhlen. Schinken in feine Würfel, Zwiebel in Ringe schneiden, mit der ausgehöhlten Kartoffelmasse, Sahne, Senf, Salz und Pfeffer verrühren und abschmecken. Die Masse in die Kartoffelhälften füllen, die Kartoffeln in eine flache Auflaufform geben und mit Käse bestreuen. Im vorgeheizten Backofen bei 175 Grad 25 bis 30 Minuten überbacken.

Bratkartoffeln mit Schinken – 2. Rezept

Zutaten

wie bei »Backkartoffeln«.

Zubereitung

Die gekochten Kartoffeln schälen und in Scheiben schneiden. In der Pfanne scharf anbraten. Schinken, Zwiebeln, Salz und Pfeffer hinzutun und weiter rösten. Eventuell mit 2 Spiegeleiern servieren.

Gemüsenudeln – 1. Rezept

Zutaten

200 g Penne
1 Pkg. Kaisergemüse (TK-Ware)
etwas Mehl
etwas Butter
100 ml Milch
1 Becher Schlagsahne
Muskatnuss
Salz
Pfeffer

Zubereitung

Die Nudeln in Salzwasser bissfest kochen, abgießen und abtropfen lassen. Das Tiefkühlgemüse 3 bis 4 Minuten in Salzwasser kochen, abgießen und beiseite stellen. Eine Bechamelsauce aus Mehl, Butter, Milch und Sahne herstellen. Mit Muskatnuss, Salz und Pfeffer abschmecken. Das Gemüse in der Sauce schwenken und auf den Nudeln verteilen.

Gemüse-Lasagne – 2. Rezept

Zubereitung

Eine Auflaufform mit etwas Butter einfetten, abwechselnd die Nudeln und das Gemüse mit der Bechamelsauce darin aufschichten. Mit geriebenem Emmentaler bestreuen und im Ofen bei 200 Grad etwa 15 Minuten überbacken.

Leicht verderbliche Lebensmittel

Achtung! Folgende Lebensmittel sollten nach dem Öffnen nicht länger als drei Tage im Kühlschrank gelagert und danach nicht mehr verzehrt werden: Frischmilch, Sahne, Joghurt, Sauerrahm, Salat und Wurstaufschnitt.

Frittiertes

Geht schnell, schmeckt raffiniert

Die Welt der kleinen und größeren frittierten Snacks – mit Aldi-Zutaten kein Problem. Ob Kartoffeln, Gemüse oder Fleisch – nahezu alles lässt sich frittieren und ist schnell zubereitet.

Blumenkohl in Bierteig

Zutaten

1 kleiner Blumenkohl
2 Eier
1–2 EL Mehl
1 kleines Glas Bier
Salz
Pfeffer
Öl oder Kokosfett zum Frittieren
1 Zitrone

Zubereitung

Den Blumenkohl putzen, in Röschen teilen, in 1/4 l Salzwasser 8 Minuten kochen und herausnehmen. Eier, Mehl, Bier, Salz und Pfeffer miteinander verrühren. Die Blumenkohlröschen in den Teig tauchen und in heißem Fett schwimmend etwa 5 Minuten ausbacken.

Tipp: Auf Küchenkrepp abtropfen lassen und mit Zitronenscheiben servieren.

Hähnchen-Cordon bleu mit Nudelsalat

Zutaten

100 g Spiralnudeln
1/2 kleine Dose Erbsen
1/2 kleine Dose Champignons
Salz
Pfeffer
2 EL Weißweinessig
2 EL Mayonnaise
2 EL Joghurt
1 EL Ketchup
1 EL getrocknete Petersilie
1 Bund frischer Schnittlauch
1 Hähnchen-Cordon bleu (TK-Ware)
Sonnenblumenöl oder Kokosfett zum Frittieren
1 Zitrone

Zubereitung

Die Nudeln in Salzwasser bissfest kochen, abgießen, mit kaltem Wasser abschrecken und abtropfen lassen. Erbsen und Champignons abgießen und mit Salz, Pfeffer und Essig marinieren. Die Salatsauce aus Mayonnaise, Joghurt, Ketchup, Petersilie und Schnittlauchröllchen herstellen und unter die Erbsen-Champignon-Nudel-Mischung heben. Den Salat vor dem Verzehr mindestens eine Stunde durchziehen lassen. Das Hähnchen-Cordon bleu in Fett frittieren, auf Küchenkrepp abtropfen lassen und mit einem Stück Zitrone zum Nudelsalat servieren.

Salat mit Knusperhäppchen

Zutaten

1–2 Eier
Salat nach Saisonangebot (Eisberg, Endivien, Feldsalat etc.)
1/2 Salatgurke
2 Tomaten
100 g Gouda am Stück (Hochland)
1 Pkg. Puten-Knusperhäppchen (TK-Ware)
Sonnenblumenöl
1 kleine Dose Mandarinenfilets
2–3 EL Mayonnaise
2–3 El Ketchup
Salz
Pfeffer
ein paar Tropfen Tabasco
Petersilie zum Garnieren

Zubereitung

Die Eier etwa 10 Minuten hart kochen. In der Zwischenzeit Salat, Gurke und Tomaten putzen und waschen. Den Salat mit den Fingern in Streifen zupfen, die Salatgurke in Scheiben schneiden und die Tomaten in Achtel schneiden. Den Käse in Stifte schneiden. Die gekochten Eier mit kaltem Wasser abschrecken, schälen und ebenfalls achteln. Die vorbereiteten Zutaten miteinander vermengen und auf einer Platte oder einem großen Teller anrichten. Die Knusperhäppchen unaufgetaut in heißem Öl etwa 6 Minuten frittieren. Für die Sauce die Mandarinen abtropfen lassen und mit dem Mixer pürieren. Mayonnaise, Ketchup und Mandarinenpüree verrühren, mit Salz, Pfeffer und Tabasco würzig abschmecken. Die Knusperhäppchen auf dem Salat dekorieren und mit etwas Petersilie garnieren. Die Sauce extra reichen.

Gebackener Camembert mit Preiselbeersahne

Zutaten

1 Pkg. Camembert (Bergpracht, 125 g)
100 ml Schlagsahne
2 EL Preiselbeeren (Glas)
2 Scheiben Toast
1 großes Blatt Salat
1 Orangenscheibe

Zubereitung

Den Camembert nach Anleitung frittieren. Die Sahne fast steif schlagen und mit den Preiselbeeren vermischen. Das Brot toasten oder im Backofen rösten. Alles auf einem großen Blatt Salat mit einer Orangenscheibe anrichten.

Calamares – Tintenfischringe im Backteig

Zutaten

1 Beutel Calamares (TK-Ware)
1 kleiner Eisbergsalat
Sonnenblumenöl zum Frittieren
1 Zitrone
1 Flasche Knoblauchsauce (Kim)
3–4 Pellkartoffeln

Zubereitung

Calamares in der gewünschten Menge dem Beutel entnehmen und im Fett schwimmend ausbacken. Den Eisbergsalat zerkleinern, waschen und gut abtropfen lassen. Auf einem Teller anrichten, die Tintenfischringe darüber verteilen und mit Zitrone beträufeln. Je nach Geschmack die Knoblauchsauce darübergeben und Pellkartoffeln dazu kochen.

Chicken Wings mit Rösti-Ecken

Zutaten

1 Tomate
1 Zwiebel
etwas Schnittlauch
4 EL Chilisauce (Kim Schlemmersaucen)
1 Pkg. Chicken Wings (TK-Ware)
1 Pkg. Rösti-Ecken (TK-Ware)
Sonnenblumenöl zum Frittieren

Zubereitung

Bei der Tomate den Deckel abschneiden und das Fruchtfleisch mit einem Löffel entfernen. Die Zwiebel schälen und in kleine Würfel schneiden, mit dem gehackten Schnittlauch und der Chilisauce verrühren. Dann in die Tomate füllen und den Deckel wieder draufsetzen. Chicken Wings und Rösti-Ecken in der gewünschten Menge der Packung entnehmen und nach Anleitung frittieren. Alles auf einem Teller anrichten und eventuell mit Krautsalat (Partysalate – Kühlregal) servieren.

Frittierte Riesengarnelen in Kräuterhülle

Zutaten

Semmelbrösel
1 TL Petersilie (getrocknet)
1 TL Schnittlauch (getrocknet)
1/2 TL Oregano (getrocknet)
etwas Knoblauchpulver
Pfeffer
50 g Riesengarnelen (TK-Ware)
Salz
Zitronensaft (Citrovin)
Mehl
1 Ei
Sonnenblumenöl zum Frittieren
1 Knoblauchbaguette (TK-Ware)
Schlemmersauce (Kim)

Zubereitung

Semmelbrösel mit Petersilie, Schnittlauch, Oregano, Knoblauchpulver und Pfeffer mischen. Die aufgetauten Riesengarnelen mit Küchenkrepp abtupfen und mit Salz und Zitronensaft würzen. Mehl auf einen Teller geben. Auf einem weiteren Teller das Ei verquirlen. Die Garnelen nacheinander in Mehl, in Ei und in der Semmelbrösel-Kräuter-Mischung panieren. Im heißen Fett frittieren und auf Küchenkrepp abtropfen lassen. Auf einem Teller anrichten, das aufgebackene Knoblauchbaguette dazureichen und nach Geschmack eine Kim-Schlemmersauce (Cocktail, Chili, Knoblauch oder Salsa) verwenden.

Zucchini und Champignon-Duo

Zutaten

150 g Zucchini
100 g Champignonköpfe

Salz, Pfeffer
Mehl
1–2 Eier
Semmelbrösel
1 Pkg. Helle Sauce (Fertigsauce zum Anrühren)
1 TL Petersilie (getrocknet)
1 TL Schnittlauch (getrocknet)
Sonnenblumenöl zum Frittieren

Zubereitung
Zucchini und Champignonköpfe putzen, waschen und abtrocknen. Die Zucchini in 5 mm dicke Scheiben schneiden, bei den Champignonköpfen den Stiel entfernen. Beides mit Salz und Pfeffer würzen, in Mehl, Ei und Semmelbröseln panieren und in heißem Öl frittieren. Ein Paket Helle Sauce nach Anleitung zubereiten und mit Petersilie und Schnittlauch verfeinern. Auf einen Teller einen Saucenspiegel gießen und das fertig frittierte Gemüse darauf anrichten. Dazu schmecken Baguettesemmeln.

Frittierter Spargel mit Schlemmersauce

Zutaten
1 Dose Spargel (wenn frisch: 1 Pfund Spargel)
Mehl
1–2 Eier
3 EL Bier
Sonnenblumenöl zum Frittieren
Salz
Schlemmersauce Cocktail oder Salsa (Kim)

Zubereitung
Frischen Spargel schälen und von den holzigen Enden befreien. Etwa 3–4 Minuten in Salzwasser kochen. Den Dosenspargel abtropfen lassen.

Für den Ausbackteig: Mehl, Eigelb und Bier vermischen. Eiweiß steif schlagen und darunterheben. Den Spargel in den Teig tauchen und in heißem Öl schwimmend frittieren. Auf Küchenkrepp abtropfen lassen, mit etwas Salz bestreuen und heiß servieren. Dazu Kim-Schlemmersauce reichen. Hierzu schmecken Pellkartoffeln mit Butter.

Gemüse & Kräuter stets frisch und griffbereit

Aus frischem Gemüse und Kräutern lässt sich sehr leicht ein Vorrat anlegen, wenn die unterschiedlichen Lagerbedingungen beachtet werden.

Gemüse eignet sich am besten zum Einfrieren. Ob Möhren, Lauch oder Bohnen, Gemüse wird immer zuerst geputzt, dann klein geschnitten, in heißem Salzwasser einmal kurz aufgekocht, anschließend in Eiswasser getaucht und portionsweise (z. B. in Plastikbeutel) eingefroren.

Bei Kräutern gibt es mehrere Möglichkeiten. Zum Einfrieren zum Beispiel werden die Kräuter gewaschen, gehackt und portionsweise in Beuteln oder Behältern verpackt. Eine andere Möglichkeit ist das Trocknen. Hierbei werden die Kräuter gebündelt an einem luftigen, schattigen Platz aufgehängt und, sobald sie getrocknet sind, in einem Mullsäckchen aufbewahrt.

Wer Kräuter nur für ein paar Tage frisch halten will, sollte sie tropfnass in einen Plastikbeutel stecken und in das Gemüsefach des Kühlschranks legen.

Thunfisch-Kroketten

Zutaten

1 Dose Thunfisch
100 ml Milch
Sonnenblumenöl zum Frittieren
1/2 Zwiebel
Mehl
1 TL getrocknete Petersilie
Zitronensaft
2 Eier
Salz, Pfeffer
Semmelbrösel

Zubereitung

Den Thunfisch abtropfen lassen und in die Milch legen. Öl in einem kleinen Topf erhitzen und darin die gehackte Zwiebel glasig dünsten. Das Mehl einrühren und kurz anschwitzen. Den Thunfisch aus der Milch nehmen und die Milch in die Mehlmasse rühren. Etwa 8 Minuten bei geringer Hitze köcheln lassen und immer wieder umrühren. Jetzt den Topf vom Herd nehmen, den zerpflückten Thunfisch, Petersilie, Zitronensaft und ein Ei einrühren. Mit Salz und Pfeffer würzen. Aus der Masse kleine Bällchen formen und nacheinander in dem zweiten, verquirlten Ei und in Semmelbröseln panieren. In heißem Öl schwimmend frittieren. Auf Küchenkrepp abtropfen lassen. Dazu passt körniger Reis.

Schweinefilet mit ausgebackenen Zwiebelringen

Zutaten

1 Glas Milch
2 Zwiebeln
100 g Mehl
1 Glas Bier
Cayennepfeffer
Salz
Sonnenblumenöl zum Frittieren
1 Schweinefilet (TK-Ware)

Zubereitung

Die Milch in eine Schüssel gießen, die Zwiebeln in Ringe schneiden und in die Milch legen. In einer weiteren Schüssel Mehl, Bier, Cayennepfeffer und Salz miteinander vermischen. Ausreichend Öl in eine Pfanne gießen und erhitzen. Die Zwiebelringe nacheinander aus der Milch nehmen, abtropfen lassen, in den Teig tauchen und in heißem Öl goldbraun ausbacken. Auf Küchenkrepp abtropfen lassen, warm stellen. In der Zwischenzeit das aufgetaute Schweinefilet salzen und pfeffern und von beiden Seiten in der Pfanne braten. Hierzu passt Bauernbrot.

Bananen im Teigmantel (Nachspeise)

Zutaten

1 große Banane
50 g Mehl
100 ml Wasser
2 TL Kokosflocken
1 TL Zucker
Sonnenblumenöl oder Kokosfett zum Frittieren
2 TL flüssiger Honig

Zubereitung
Banane schälen, der Länge nach halbieren und jede Hälfte noch einmal in zwei gleich große Teile schneiden. Mehl und Wasser anrühren, Kokosflocken und Zucker dazugeben und alles gut verrühren. Öl in einer Pfanne erhitzen. Die Bananen im Teig wenden und im heißen Fett goldgelb ausbacken. Zum Schluss mit flüssigem Honig beträufeln.

Apfelringe mit Zimt und Zucker (Nachspeise)

Zutaten
1–2 säuerliche Äpfel
50 g Zucker
100 g Mehl
1 Ei
50 g Butter
3 EL Schlagsahne
2 EL Wasser
etwas Zitronensaft (Citrovin)
Zimt
Zucker
Sonnenblumenöl oder Kokosfett zum Frittieren

Zubereitung
Die Äpfel waschen, schälen und das Kerngehäuse aushöhlen, anschließend in fingerdicke Ringe schneiden.
Aus Zucker, Mehl, Ei, Butter, Sahne, Wasser und Zitronensaft den Teig anrühren. Die Apfelringe in den Teig tauchen und im heißen Fett etwa 5 Minuten frittieren. Auf Küchenkrepp abtropfen lassen, mit Zimt und Zucker bestreuen.

Sandwich & Co.

Der schnelle Imbiss fürs Büro und zwischendurch

Wenn es schnell gehen soll, sind Sandwiches oft eine gute Wahl. Und mit den Zutaten von Aldi eine ebenso leckere wie dekorative Angelegenheit.

Sandwich mit pikantem Frischkäse

Zutaten

1 Scheibe Vollkornbrot
etwas Butter
2 Salatblätter
1 Möhre
8 Haselnüsse
50 g Doppelrahmfrischkäse (Bayernland)

Zubereitung

Das Brot mit der Butter bestreichen und mit den Salatblättern belegen. Die Möhre in dünne Scheiben und die Haselnüsse in feine Blättchen hobeln, mischen und unter den Frischkäse rühren. Die Mischung auf die Salatblätter geben.

Bruschette mit Käsecreme

Zutaten

1 Bund Basilikum
30 g gemahlene Mandeln (Sweet Valley)
100 g geriebener Emmentaler (Oberalp)
100 g Doppelrahmfrischkäse
Salz, Pfeffer
1 TL Wein- oder Obstessig
4–6 Scheiben helles Mischbrot
2 Knoblauchzehen

Zubereitung
Basilikum waschen und fein hacken. Die Mandeln mit der Hälfte des Basilikums, dem geriebenen Emmentaler und dem Frischkäse verrühren. Die Käsecreme mit Salz, Pfeffer und Essig abschmecken. Die Brotscheiben leicht toasten. Die Knoblauchzehen durch die Presse drücken und damit die Brotscheiben bestreichen. Die Käsecreme auf die Brotscheiben verteilen, mit dem restlichen Basilikum bestreuen und servieren.

Tomaten-Kresse-Nester

Zutaten
4 Tomaten
120 g Magerquark
Salz
Pfeffer
1/2 kleine Zwiebel
1/2 Pkg. Kresse (nach Belieben)
1 hart gekochtes Ei

Zubereitung
Die Tomaten halbieren und mit einem Löffel entkernen. Den Quark mit Salz, Pfeffer und etwas geriebener Zwiebel glatt rühren und in die Tomatenhälften füllen. Jede Hälfte mit reichlich Kresse und klein gehacktem Ei garnieren.

Salat Super-Verde

Zutaten

1 kleiner Eisbergsalat
1 Avocado (wenn im Angebot)
1 grüne Paprikaschote
1 Stück Salatgurke
1 Zwiebel
10 grüne Oliven
2 EL Essig
Salz, Pfeffer
1 Prise Zucker
2 EL Salatkräuter (getrocknet)
3 EL Olivenöl (Lorena)
50 g Krabbenfleisch (Kühltheke)

Zubereitung

Den Salat putzen, waschen und zerpflücken. Die Avocado halbieren, die Haut abziehen und den Kern entfernen. Fruchtfleisch in Scheiben schneiden. Die Paprikaschote waschen, entkernen und in dünne Streifen schneiden. Die Salatgurke schälen und in dünne Scheiben hobeln. Die Zwiebel in dünne Ringe schneiden. Zusammen mit den Oliven in einer Salatschüssel anrichten. Aus Essig, Salz, Pfeffer, Zucker, getrockneten Salatkräutern und Öl ein Dressing zubereiten und über die Salatzutaten gießen, Krabbenfleisch über dem angerichteten Salat verteilen. Dazu schmeckt das Knoblauchbaguette aus der Kühltheke.

Gefüllte Schinkenröllchen

Zutaten

2 Scheiben gekochter Schinken (Kühlregal)
1 Portion Fleischsalat (Kühlregal)
2 Scheiben Bauernschinken (Kühlregal)
1 Portion Rohkostsalat (Kühlregal)

2 Scheiben Vollkornbrot
Butter
Salatblätter
etwas Mayonnaise

Zubereitung
Die beiden Scheiben gekochten Schinken mit Fleischsalat füllen und rollen. Die beiden Scheiben Bauernschinken mit Rohkostsalat füllen und rollen. Das Vollkornbrot mit Butter bestreichen und mit Salatblättern belegen. Die Schinkenröllchen darauf verteilen und mit einem Tupfer Mayonnaise garnieren.

Gefüllte Käsesemmelhälften

Zutaten
1 Semmel
1 hart gekochtes Ei
4 EL gewürfelter Gouda
2 Tomaten
1/2 Zwiebel
4 schwarze Oliven
2 EL Joghurt
1 EL Ketchup
1 TL mittelscharfer Senf
Salz, Pfeffer

Zubereitung
Die Semmel halbieren und aushöhlen. Das hart gekochte Ei fein hacken. Den Käse, die enthäuteten, gewürfelten Tomaten und die in Ringe geschnittene halbe Zwiebel dazugeben. Die Oliven entsteinen, klein schneiden und ebenfalls beimischen. Aus Joghurt, Ketchup, Senf, Salz und Pfeffer eine Sauce rühren und unter die Zutaten mischen. Die Käsemasse auf die Semmelhälften geben und mit den geschnittenen Tomaten und Oliven garnieren.

Big Aldi-Baguette

Zutaten

1 Baguettestange (zum Aufbacken)
Butter oder Mayonnaise
4 Salatblätter
4 Scheiben Salami (Kühlregal)
4 Scheiben Käse-Scheibletten (Hochland)
2 Scheiben gekochter Hinterschinken
2 Radieschen
frische Petersilie
frischer Schnittlauch

Zubereitung

Das Baguette aufbacken und der Länge nach durchschneiden. Dünn mit Butter oder Mayonnaise bestreichen. Zuerst mit den Salatblättern, dann mit Salami, Käse und Schinken belegen. Mit in dünnen Scheiben geschnittenen Radieschen abschließen und mit klein gehackter frischer Petersilie und Schnittlauchröllchen garnieren.

Brot-Pizza

Zutaten

3 Scheiben Vollkornbrot
1 TL gehackte Petersilie
1/2 TL gemahlener Kümmel
Salz
Pfeffer
1 TL Sahne
1 Ei
150 g Rosenkohl (Saisonangebot)
2 Scheiben gekochter Hinterschinken
1 Pkg. Mozzarella
Fett fürs Blech

Zubereitung

Brot mit der Hand oder dem Mixer fein zerbröseln und mit Kräutern, Gewürzen, Sahne und Ei vermischen. Etwa 10 Minuten ruhen lassen. Den Rosenkohl putzen, 5 Minuten in kochendem Salzwasser blanchieren und in Scheiben schneiden. Den Schinken in Streifen schneiden. Den Brotteig auf einer befeuchteten Arbeitsfläche dünn ausstreichen. Mit einem Glas runde Mini-Pizzen ausstechen. Auf ein gefettetes Backblech setzen. Beidseitig je 5 Minuten bei 75 Grad vorbacken. Nacheinander mit jeweils einer dünnen Scheibe Mozzarella, den Rosenkohlscheiben, den Schinkenstreifen belegen und einer weiteren Scheibe Mozzarella belegen. Dann 8 bis 10 Minuten im Ofen überbacken.

Tipp: Durch das Vorbacken lässt sich diese Brot-Pizza prima vorbereiten.

Bananen-Schinken-Sandwich

Zutaten

2 Scheiben Vollkornbrot
2 TL Schmant (Rote Kuh)
2 Salatblätter
2 Scheiben gekochter Hinterschinken
1 Banane
Currypulver

Zubereitung

Brot leicht toasten und mit Schmant bestreichen. Mit den Salatblättern und den Schinkenscheiben belegen. Die Banane schälen, in Scheiben schneiden, auf dem Schinken verteilen und mit Currypulver bestäuben.

Welche Wurst hält wie lange?

Wurst aus Schweinefleisch	3 bis 4 Tage
Wurst aus Putenfleisch	3 bis 4 Tage
Wurst aus Rindfleisch	mindestens 1 Woche

Tipp: Wurst am Stück gut mit Plastikfolie einwickeln und bei jedem Verzehr auf die erste Scheibe verzichten.

Schinken (roh/gekocht)	
in Scheiben geschnitten	mindestens 1 Woche
am Stück	bis zu einem Monat

Schinken-Rührei-Toast

Zutaten

2 Scheiben gekochter Hinterschinken
Schnittlauch
2–3 Eier
Salz
Pfeffer
etwas Butter
2 Scheiben Toast
Salatblätter
Cocktailtomaten

Zubereitung

Den Schinken in kleine Stücke schneiden, Schnittlauch waschen und klein hacken. Beides mit den Eiern verrühren und mit Salz und Pfeffer abschmecken. Butter in einer Pfanne erhitzen, die Eimischung hineingeben und stocken lassen. In der Zwischenzeit das Toastbrot rösten. Die Salatblätter auf dem Toast verteilen, das Rührei daraufgeben und mit Cocktailtomaten garnieren.

Fisch-Sandwich

Zutaten

1 Zwiebel
2 Scheiben Vollkornbrot
etwas Butter
etwas getrocknete Minze
1 Pkg. Heringsfilets
Pfeffer
Zitronensaft (Citrovin)

Zubereitung

Die Zwiebel schälen und in Ringe schneiden. Die Brotscheiben mit Butter bestreichen und mit der Minze würzen. Heringsfilets waschen, trockentupfen und auf dem Brot verteilen. Mit den Zwiebelringen garnieren und mit etwas Pfeffer und einem Spritzer Zitronensaft würzen.

Gaucho-Toast

Zutaten

2 Scheiben gekochter Hinterschinken
2 Eier
Salz
Pfeffer
Butter
Schnittlauch (frisch oder getrocknet)
2 Scheiben Toastbrot
ein paar Radieschen

Zubereitung

Den Schinken in Streifen schneiden. Die Eier aufschlagen, mit Salz und Pfeffer würzen. Butter in der Pfanne schmelzen. Schinken, Eier, Schnittlauch dazugeben und verrühren, bis die Eiermasse stockt. Die beiden Scheiben Toastbrot rösten. Auf einen vorgewärmten Teller legen und die Eiermasse darauf verteilen. Dazu die geputzten und gewaschenen Radieschen servieren.

Cicero-Salat

Zutaten

1 kleiner Eisbergsalat
2 Eier
1 Zwiebel
1 TL Senf
Sonnenblumenöl
Weißweinessig
Salz
Pfeffer
1 EL Schnittlauchröllchen
1 Matjesfilet

Zubereitung

Den Eisbergsalat in Streifen schneiden und waschen. Die Eier 3 Minuten kochen. Eidotter mit der klein gehackten Zwiebel mischen, Senf mit dem Schneebesen darunterschlagen. Das Öl einrühren und mit Essig, Salz und Pfeffer abschmecken. Das Dressing zusammen mit den Schnittlauchröllchen über den Salat geben. Den Fisch waschen, trockentupfen, in Stücke schneiden und über den angerichteten Salat verteilen. Dazu passt Toastbrot oder Baguette.

Lachs-Sandwich

Zutaten

2 Scheiben Toastbrot
2 EL leichte Salatcreme (Kim)
3 Scheiben Räucherlachs
2 Gewürzgurken
Pfeffer
frischer Dill
Zitronensaft (Citrovin)

Zubereitung

Das Toastbrot rösten und mit der Salatcreme bestreichen. Mit den Lachsscheiben und den in Streifen geschnittenen Gewürzgurken belegen. Mit Pfeffer würzen und mit klein gehacktem Dill und einem Spritzer Zitrone verfeinern.

Krabben-Kanapees

Zutaten

100 g Krabbenfleisch (Kühltheke)
etwas leichte Salatsauce (Kim)
1 Baguettesemmel (zum Aufbacken)
Butter
1–2 Tomaten
Pfeffer

Zubereitung

Das Krabbenfleisch abtropfen lassen und mit der Salatsauce vermischen. Die Baguettesemmel aufbacken und in drei bis vier gleich große Stücke schneiden. Mit Butter bestreichen und mit den in Scheiben geschnittenen Tomaten und dem Krabbenfleisch belegen.

Resteküche

Wenn was übrig bleibt

Ganz klar: In jedem Singlehaushalt gibt es eine Menge Reste. Von Nudeln, Kartoffeln oder Reis bis hin zur halben Dose Erbsen oder der angebrochenen Flasche Wein. In den meisten Fällen lassen sich auch diese übrig gebliebenen Zutaten zu einer schmackhaften Mahlzeit verarbeiten. Das muss nicht gleich am nächsten Tag sein, wenn man die Lebensmittel richtig lagert – nämlich im Kühlschrank. Es ist jedoch darauf zu achten, diese keinesfalls länger als zwei bis drei Tage aufzuheben.

Wenn Nudeln übrig bleiben – Nudelomelette

Zutaten

Nudeln vom Vortag

Das brauchen Sie neu:

etwas Butter
1 Zwiebel
Salz
Pfeffer
Muskatnuss
2 Eier

Zubereitung

Die Butter in der Pfanne erhitzen. Die Zwiebel in Streifen schneiden und darin anschwitzen. Die Nudeln dazugeben und alles gut miteinander vermengen. Mit Salz, Pfeffer und Muskatnuss würzen. Die Eier über den Nudeln aufschlagen, kurz stocken lassen und zu einem Omelette formen. Auf den Teller stürzen. Dazu passt Tomatensauce.

Wenn Klöße übrig bleiben – Geröstete Klöße mit Spiegelei

Zutaten

Klöße vom Vortag

Das brauchen Sie neu:

1 Zwiebel
Sonnenblumenöl
etwas Bauchspeckwürfel (Kühlregal)
Majoran
Salz
Pfeffer
2 Eier

Zubereitung

Die übrig gebliebenen Semmelknödel in Scheiben, die Zwiebel in Streifen schneiden. Öl in der Pfanne erhitzen, Bauchspeckwürfel, Zwiebelstreifen und Semmelknödel anbraten und mit Majoran, Salz und Pfeffer abschmecken. Zwei Spiegeleier braten und die gerösteten Knödel damit belegen. Dazu passt Krautsalat (Kühlregal).

Wenn Gemüse (frisch oder aus der Dose) übrig bleibt: Gemüserahmsuppe

Zutaten

Gemüse vom Vortag

Das brauchen Sie neu:

1 Zwiebel
etwas Butter
1 Becher Schlagsahne
100 ml Milch
Salz, Pfeffer
Muskatnuss

Zubereitung

Die Zwiebeln in Würfel schneiden und mit der Butter im Topf glasig anschwitzen. Mit Sahne und Milch aufgießen und aufkochen. Das Gemüse dazugeben und erhitzen. Mit dem Pürierstab zerkleinern und mit Salz, Pfeffer und Muskatnuss abschmecken. Dazu schmeckt Baguette oder Toastbrot.

Wenn Gemüse und Reis übrig bleiben – Risi Bisi

Zutaten

Gemüse (frisch oder aus der Dose)
Reis

Das brauchen Sie neu:

etwas Butter
Salz
Pfeffer

Zubereitung

Etwas Butter in einem Topf erhitzen. Gemüse- und Reisreste dazugeben und erhitzen. Mit Salz und Pfeffer abschmecken.

Was hält sich wie lange im Kühlschrank?

Dosengemüse	
(z. B. Erbsen, Spargel, Möhren)	maximal 2–3 Tage
Brot	
ob Graubrot oder Weißbrot	bis zu einer Woche

Tipp:
Brot ist tiefgefroren über Monate haltbar. Frieren Sie Brot deshalb immer portionsweise ein.

Weißwein	
zum Trinken	bis zu 3 Tagen, danach schmeckt er nicht mehr
zum Kochen	bis zu 2 Wochen
Rotwein	
zum Trinken/Kochen	bis zu einer Woche – Raumtemperatur, kein Kühlschrank
Reis/Nudeln	bis zu einer Woche
Kartoffeln	2–3 Tage
Käse	etwa eine Woche
Eier	meist 1 bis 2 Wochen
Wurst	3–4 Tage
Fleisch (gebratenes)	2–3 Tage

Wenn Weißwein übrig bleibt – Putengeschnetzeltes in Weißweinsauce

Zutaten

Weißwein vom Vortag

Das brauchen Sie neu:

1 Zwiebel
etwas Butter
etwas Mehl
1/2 Becher Schlagsahne
100 ml Milch
3 Wacholderbeeren
Lorbeerblatt
Muskatnuss
Salz
Pfeffer
1 Putenbrustfilet (TK-Ware)
Sonnenblumenöl

Zubereitung

Die Zwiebel in Würfel schneiden und in Butter glasig dünsten, Mehl dazugeben und unter ständigem Rühren fest werden lassen. Mit Sahne und Milch aufgießen und mit Wacholderbeeren, Lorbeerblatt, Muskatnuss, Salz und Pfeffer würzen. Zum Schluss den Weißwein dazugießen und die Sauce etwas einkochen lassen. Das aufgetaute Putenbrustfilet in Streifen schneiden und in der Pfanne in etwas Öl gar braten. Die Sauce darübergeben. Dazu passt Reis.

Zu viele Eier eingekauft – Eiersalat mit Tomaten

Zutaten

Eier

Das brauchen Sie neu:

2–3 Tomaten
Zitronensaft
Sonnenblumenöl
Salz
Pfeffer
etwas Zucker
frischer Schnittlauch

Zubereitung

Die Eier hart kochen, mit kaltem Wasser abschrecken, pellen und in kleine Stücke schneiden. Die Tomaten waschen und ebenfalls in kleine Stücke schneiden. Aus Zitronensaft, Öl, Salz, Pfeffer und etwas Zucker eine Salatsauce herstellen. Eier- und Tomatenstücke unterheben. Mit klein gehacktem Schnittlauch garnieren. Dazu passt Baguette.

Wenn Kartoffeln übrig bleiben – Kartoffelpüree

Zutaten

Kartoffeln vom Vortag

Das brauchen Sie neu:

etwas Milch
etwas Butter
Muskatnuss
Salz, Pfeffer

Zubereitung

Milch in einen Topf geben und kurz aufkochen lassen. Von der Herdplatte nehmen, die Kartoffeln hineingeben und mit dem Mixer pürieren. Mit Butter, Muskatnuss, Salz und Pfeffer abschmecken. Dazu passt Spiegelei mit Spinat (TK-Ware).

Wenn Käse übrig bleibt – Spaghetti mit Käsesauce

Zutaten

Käse (alle Sorten)

Das brauchen Sie neu:

80 g Spaghetti (Alino)
1 Zwiebel
etwas Butter
1/2 Becher Schlagsahne
100 ml Milch
Salz, Pfeffer
Muskatnuss

Zubereitung

Spaghetti in Salzwasser ca. 10 bis 12 Minuten bissfest kochen und abgießen. In der Zwischenzeit die Käsesauce zubereiten: Die klein gehackte Zwiebel in Butter glasig dünsten. Sahne und

Milch dazugeben und einmal kurz aufkochen. Den Käse in die Sauce geben, schmelzen lassen und mit dem Mixer kurz pürieren. Mit Salz, Pfeffer und Muskatnuss würzen.

Wenn Baguette oder Weißbrot übrig bleiben – Semmelknödel

Zutaten

hart gewordenes Weißbrot oder Baguette

Das brauchen Sie neu:

1 Zwiebel
etwas Butter
Milch (Menge hängt von der Brotmenge ab)
frische Petersilie
1–2 Eier
Salz
Pfeffer
Muskatnuss

Zubereitung

Die klein gehackte Zwiebel mit etwas Butter in der Pfanne glasig dünsten. Die Milch in einen Topf geben, einmal aufkochen und abkühlen lassen. Weißbrot in kleine Stücke schneiden, Petersilie fein hacken. Milch, Brot, Zwiebel, Eier und Petersilie zu einem Kloßteig kneten. Mit Salz, Pfeffer und Muskatnuss würzen. Aus dem Teig Semmelknödel formen. Einen Topf Salzwasser zum Kochen bringen und die Knödel 20 Minuten bei geringer Hitze garen.

Wenn Wurst übrig bleibt – Wurstsalat

Zutaten

Wurst (Fleischwurst, gekochter Schinken)

Das brauchen Sie neu:

Weißweinessig
Sonnenblumenöl
Zitronensaft
1 Zwiebel
1–2 Gewürzgurken
Salz, Pfeffer

Zubereitung

Aus Essig, Öl, Zitronensaft und der klein gehackten Zwiebel ein Dressing anrühren. Den Wurstaufschnitt in Scheiben oder Stücke schneiden, zum Dressing geben und vermengen. Mit Salz und Pfeffer abschmecken. Dazu passt Bauernbrot.

Wenn Fleisch übrig bleibt – Fleisch provenzalisch

Zutaten

Fleisch (z. B. Schweinefilet, Schweinemedaillon)

Das brauchen Sie neu:

1 Tomate
Basilikum (frisch oder getrocknet)
Mozzarella

Zubereitung

Das Fleisch von allen Seiten in der Pfanne in etwas Öl heiß machen. Die Tomate und den Mozzarella in Scheiben schneiden. Das Fleisch nacheinander mit der in Scheiben geschnittenen Tomate, Basilikum und Mozzarella belegen. Im Ofen etwa 10–15 Minuten überbacken.

Gäste kommen gern überraschend

Schnelle Zauberei mit wenig Aufwand

Was tun, wenn überraschend Besuch vor der Tür steht, der auch noch Hunger hat? Kein Problem – wenn Sie die richtigen Zutaten im Hause haben, können Sie spontan ein leckeres Gericht herbeizaubern. Die Rezepte in diesem Kapitel sind immer für vier Personen berechnet, eventuell müssen Sie die Menge der Zutaten also halbieren.

Badischer Sauerkrautauflauf

Zutaten

2 Zwiebeln
2 Tomaten
Sonnenblumenöl
300 g Hackfleisch (TK-Ware)
2 EL Tomatenmark
Salz
Pfeffer
800 g Kartoffeln
etwas Butter
1 Dose Sauerkraut (Klostergarten)
400 ml Speck-Zwiebel-Sauce

Zubereitung

Zwiebeln schälen und würfeln, Tomaten waschen und würfeln. Öl in einer Pfanne erhitzen: Hackfleisch, Zwiebeln, Tomaten und Tomatenmark hineingeben. Mit Salz und Pfeffer würzen und 10 Minuten köcheln lassen. In der Zwischenzeit die Kartoffeln schälen, waschen und in feine Streifen schneiden. Eine große, flache Auflaufform dünn mit Butter ausstreichen, die Hackfleischmischung und das Sauerkraut einschichten und mit

Kartoffelscheiben belegen. Die Speck-Zwiebel-Sauce darauf verteilen und im vorgeheizten Backofen bei 200 Grad ca. 30 Minuten garen. In der Form 2 bis 3 Minuten abkühlen lassen, dann servieren.

Tipp: Anstelle von Sauerkraut kann man auch gedünstetes Weißkraut, anstelle der Kartoffelscheiben auch Kartoffelpüree (Fertigprodukt) verwenden.

Thunfisch-Spaghetti

Zutaten

1 Dose Thunfisch (im eigenen Saft)
1 EL Sonnenblumenöl
1 kleine Dose geschälte Tomaten
1/8 l Weißwein
Basilikum
Salbei
Oregano
Salz
Pfeffer
250 g Spaghetti

Zubereitung

Den Thunfisch zerkleinern, mit Öl in der Pfanne anbraten. Die geschälten Tomaten dazugeben, ebenso den Weißwein. Mit Basilikum, Salbei, Oregano, Salz und Pfeffer würzen. Spaghetti in Salzwasser 10 bis 12 Minuten bissfest kochen, abgießen und mit der Thunfischsauce servieren.

Bayerischer Wursttopf

Zutaten

1 Pkg. Kartoffelpüree (Fertigprodukt)
40 g Butter
Salz, Pfeffer
Muskatnuss
1 Dose Sauerkraut (Klostergarten)
Kümmel
250 g Fleischwurst
4 EL geriebener Emmentaler (Oberalp)

Zubereitung

Kartoffelpüree nach Anweisung zubereiten, mit 20 g Butter, Salz, Pfeffer und Muskatnuss verfeinern. Sauerkraut mit Kümmel in einem Topf vermengen und erwärmen. Die Fleischwurst in Scheiben schneiden. Den Ofen auf 200 Grad vorheizen. Eine Auflaufform ausbuttern und nacheinander zuerst das Kartoffelpüree, dann die Fleischwurst und schließlich das Sauerkraut einschichten. Mit Käse und Butterflocken bestreuen. Etwa 15 Minuten überbacken.

Diese Zutaten sollten Sie immer im Haus haben

Die folgenden Zutaten sollten in Ihrer »Vorratskammer« niemals fehlen, denn damit können Sie sich selbst und überraschendem Besuch jederzeit schnell etwas Leckeres zu essen machen:

Nudeln
Reis
Kartoffeln
Tomatensauce

Dosengemüse (inkl. Pilze)
Fleisch nach Geschmack (TK-Ware)
Fischkonserven (z. B. Thunfisch)
Eier (1 bis 2 Wochen im Kühlschrank haltbar)
Brot (zum Aufbacken)
Käse
Öl, Essig
Gewürze (Muskatnuss, Kümmel, Oregano, Thymian, Basilikum, Petersilie)
Gewürzgurken
geriebener Emmentaler

Paprika-Bananen-Curry

Zutaten

1 grüne Paprikaschote
1 gelbe Paprikaschote
1 rote Paprikaschote
Sonnenblumenöl
1 Banane
2 EL Kokosraspeln
300 g Lammsteaks (TK-Ware)
Salz, Pfeffer
1 Knoblauchzehe (klein gehackt)
Curry
Chilipulver
Koriander (gemahlen)
1/8 l Wasser
1/2 Becher Schlagsahne

Zubereitung

Paprikaschoten waschen, putzen und in feine Streifen schneiden. Öl in der Pfanne erhitzen und die Paprikaschoten darin

10 Minuten andünsten. Die Banane schälen, in Scheiben schneiden, mit den Kokosraspeln unter das Gemüse mischen und erwärmen. Das Fleisch in kleine Würfel schneiden. Öl in einem Topf erhitzen und das Fleisch darin anbraten. Salz, Pfeffer, Knoblauch und Gewürze, Wasser und Sahne dazugeben, aufkochen und 10 Minuten schmoren lassen. Die Sauce eventuell mit hellem Saucenbinder binden und abschmecken. Zum Anrichten das Gemüse als Kranz auf eine Platte geben und in die Mitte das Fleisch füllen. Als Beilage passt Reis.

Riesengarnelenschwänze in Knoblauchsauce

Zutaten

1 Beutel Riesengarnelenschwänze (TK-Ware)
Olivenöl
1 Zwiebel
2 Knoblauchzehen
2 Zucchini
0,1 l Weißwein
1 Becher Schlagsahne
1 Pkg. Bandnudeln
Zitronensaft
Salz
Pfeffer
Dill (getrocknet)

Zubereitung

Die Riesengarnelen kurz antauen lassen (in Wasser), mit Küchenkrepp trockentupfen und in Olivenöl anbraten. Aus der Pfanne nehmen und auf die Seite stellen. Jetzt die in Würfel geschnittene Zwiebel und die zerdrückten Knoblauchzehen kurz in der Pfanne anschwitzen. Die Zucchini in dünne Scheiben schneiden und dazugeben. Nach kurzer Zeit mit dem Weißwein ablöschen, die Sahne hinzufügen und die Sauce etwas einkochen lassen. Mit Salz, Pfeffer, Zitronensaft und Dill abschmecken. Zum Schluss die Garnelen in die Sauce legen und kurz erhitzen. Auf den gekochten (ca. 12 Minuten) und abgetropften Bandnudeln servieren.

Tortelloni mit frischen Champignons in Basilikumbutter

Zutaten

1 Pkg. Tortelloni
200 g Champignons (Frischeangebot)
1 Zwiebel
60 g Butter
frisches Basilikum (teilweise im Topfangebot)
Salz, Pfeffer
Muskatnuss

Zubereitung

Die Tortelloni nach Anleitung kochen. Die Champignons putzen und vierteln. Die Zwiebel in Würfel schneiden und mit der Hälfte der Butter in einer Pfanne glasig dünsten. Die Champignons dazugeben und weiter dünsten. Die Basilikumblätter fein schneiden und mit der restlichen Butter und den gekochten Tortelloni zur Champignonsauce geben. Mit Salz, Pfeffer und Muskatnuss abschmecken. Auf einem Teller anrichten, mit Basilikumblättern garnieren. Dazu passt Tomatensalat.

Bayerisches Leberkäs-Gulasch

Zutaten

1 Pkg. Sauce für Gulasch (Fertigsauce zum Anrühren, 1/2 l)
1 Pkg. Leberkäs (Kühltheke)
Sonnenblumenöl
2 Zwiebeln
1 grüne Paprikaschote
1 EL Tomatenmark
Salz, Pfeffer
gemahlener Kümmel
Knoblauchpulver

Zubereitung

Die Fertigsauce für Gulasch nach Packungsanleitung zubereiten. Den Leberkäse in etwa 3 cm dicke Stücke würfeln und in einem Topf mit Öl anbraten. Die Würfel wieder herausnehmen und beiseite stellen. Die Zwiebel schälen und würfeln und die Paprikaschote waschen, putzen und würfeln, in den Topf geben und anschwitzen. Das Tomatenmark hinzufügen und mit der Fertigsauce für Gulasch auffüllen. Die Leberkäswürfel dazugeben und mit Salz, Pfeffer, Kümmel und Knoblauchpulver abschmecken. Dazu passen Spätzle oder Semmelknödel.

Hinterschinken-Rouladen

Zutaten

2 Zwiebeln
Sonnenblumenöl
4 Möhren
4 Gewürzgurken
1 Pkg. gekochter Hinterschinken in Scheiben
200 ml Gemüsebrühe (Instant)
2 EL Schmant
Salz
Pfeffer
Paprikapulver (edelsüß)

Zubereitung

Die Zwiebeln schälen und fein würfeln. Öl in der Pfanne erhitzen und die Zwiebeln darin glasig dünsten. Möhren schälen und der Länge nach in Streifen schneiden. Gewürzgurken ebenfalls in Streifen schneiden. Die Gurken- und Möhrenstreifen auf den Schinkenscheiben verteilen, einrollen und mit Zahnstochern feststecken. Öl in der Pfanne erhitzen und die Schinkenröllchen darin anbraten. Die Gemüsebrühe dazugießen, den Schmant unterrühren und mit Salz, Pfeffer und Paprikapulver abschmecken. Schinkenröllchen etwa 5 Minuten in der Sauce köcheln lassen. Dazu passt Reis oder Baguette.

Matjestatar auf Pumpernickeltalern

Zutaten

4 Matjesfilets
1 Pkg. Pumpernickeltaler (18 Stück)
30 g Butter (zum Bestreichen)
4 TL Crème fraîche
2 EL Gewürzgurkenmarinade
2 TL Senf
etwas Sonnenblumenöl
1 Gewürzgurke
1 Apfel
1/2 Bund Dill
Zitronensaft
Salz
weißer Pfeffer aus der Mühle
Radieschen
Kirschtomaten
Feldsalat

Zubereitung

Matjesfilets in kleine Würfel schneiden. Pumpernickeltaler mit Butter bestreichen und die Matjeswürfel etwa 2 cm hoch darauf verteilen. Crème fraîche mit Gewürzgurkenmarinade, Senf und Öl verrühren. Die Gewürzgurke und den Apfel in sehr kleine Würfel schneiden und unter die Crème-fraîche-Senf-Mischung geben. Den Dill bis auf ein paar Zweige klein hacken. Die Crème-fraîche-Mischung mit dem Dill, einem Spritzer Zitronensaft, Salz und Pfeffer abschmecken. Auf jeden Matjeshügel einen Klecks von der Crème-fraîche-Mischung geben. Mit gehobelten Radieschenscheiben, halbierten Tomaten, einigen Feldsalatblättern und ein paar Dillzweigen garnieren. Dazu Weißbrot reichen.

Rahmkartoffeln mit Fleischauflauf

Zutaten

1 kg Kartoffeln
1 Pkg. Hackfleisch (TK-Ware)
50 g gekochter Schinken in Scheiben (Kühltheke)
2 Zwiebeln
2 EL Öl
1 Becher Schlagsahne
2 TL Instantbrühe
Pfeffer
1 EL getrockneter Majoran
etwas Butter für die Form
100 g geriebener Emmentaler
1 Ei
Salz

Zubereitung

Kartoffeln kochen, pellen und in Scheiben schneiden. Das aufgetaute Hackfleisch, den klein geschnittenen Schinken und die in Würfel geschnittenen Zwiebeln in Öl krümelig braten. Die Hälfte der Sahne, Brühe, Pfeffer und Majoran dazugeben und zu einer weichen Paste einkochen. Eine feuerfeste Form einfetten und die Hälfte der Kartoffeln sowie die Hälfte des geriebenen Käses und die Fleischmasse darauf verteilen. Die restlichen Kartoffeln daraufgeben und mit Käse bestreuen. Die restliche Sahne mit dem Ei verquirlen, salzen und pfeffern und auf den Auflauf gießen. In den kalten Ofen schieben und bei 200 Grad etwa 40 Minuten überbacken. Dazu schmeckt frischer Salat.

Baguette »Surprise«

Zutaten

2 Pkg. Baguette (zum Aufbacken, pro Pkg. 2 Stück)
Crème fraîche
Salatblätter
1 Dose Thunfisch
2 Tomaten
1 Pkg. gekochter Hinterschinken in Scheiben
1/2 Pkg. Gouda in Scheiben
Gewürzgurken

Zubereitung

Die Baguettes im Backofen nach Packungsanleitung backen. Herausnehmen und der Länge nach aufschneiden. Die unteren Hälften mit Crème fraîche bestreichen und mit Salatblättern auslegen. Darauf den zerpflückten Thunfisch und die in Scheiben geschnittenen Tomaten bzw. Schinken, Käse und die in Scheiben geschnittenen Gewürzgurken verteilen. Alles mit einem weiteren Salatblatt abdecken und die obere Baguettehälfte darauflegen.

Käsefondue

Zutaten

1 kg Käse (Gouda/Emmentaler 50:50)
1 Knoblauchzehe
1 l Weißwein
Saucenbinder
1 Spritzer Zitronensaft
Muskatnuss
Pfeffer

Zubereitung

Den Käse reiben und den Fonduetopf mit Knoblauch ausstreichen. 1/2 Liter Wein im Topf erwärmen und den geriebenen Käse hineingeben. Unter Rühren auflösen (die Käsemasse darf nicht klumpen). Den Saucenbinder und den Zitronensaft dazugeben. Mit geriebener Muskatnuss und Pfeffer abschmecken. Nach und nach den restlichen Wein dazugießen. Als Beilage eignen sich Baguettewürfel ebenso wie klein geschnittenes Gemüse, z. B. Champignons oder Selleriestangen, die dann in das Fondue getaucht werden. Dazu passt grüner Salat.

Nachwort

Wie schon in meinem Buch »McALDI. Die preiswerte Fastfood-Küche« sind auch die Rezepte in diesem Buch so gestaltet, dass sie sich mit möglichst wenig Zeitaufwand herstellen lassen. Nahezu alle erwähnten Zutaten (die Ausnahme ist nach wie vor frischer Knoblauch) sind in Aldi-Läden erhältlich. Auch frische Kräuter wie Salbei, Basilikum oder Petersilie kann man in einigen Aldi-Filialen mittlerweile in Töpfen erstehen.
Andere Zutaten sind saisonabhängig: So gibt es z. B. Lauch oder Sellerie nur im Winter, Erdbeeren dagegen meist nur im Sommer.

Immer aktuell ist dagegen das große Angebot aus der Tiefkühltheke, das Gemüse, Fleisch, Fisch und Kartoffelvariationen in reichlicher Auswahl enthält. Für Singles sind diese Produkte besonders empfehlenswert, denn sie können meist portionsweise verzehrt werden und verderben nicht.

Viel Spaß also bei der »Single-Küche mit ALDI«.

Danksagung

Ich danke Andreas Peitzker, Souschef (Kugler-Alm, Oberhaching/München), für die vielen Anregungen zu neuen Aldi-Rezepten.

Literatur

Sonja Carlson/Gerhard Hörner: »Die Aldi-Diät«, Econ Taschenbuch, München 1999.

Sonja Carlson: »Abnehmen mit Aldi«, Econ Taschenbuch, München 2000.

Wolfgang Elsner: »Schlank und fit mit Aldi«, Econ Taschenbuch, München 2000.

Wolfgang Elsner: »Blitzküche mit Aldi«, Econ Taschenbuch, München 2000.

Martina Seifen: »McAldi, die preiswerte Fastfood-Küche«, Econ Taschenbuch, München 2001.

Rezeptverzeichnis